Москва
НИГМА
2021

JULES VERNE

VOYAGE AU CENTRE DE LA TERRE

LES ILLUSTRATIONS DE OLEG PAKHOMOV

Жюль Верн

Путешествие к центру Земли

Иллюстрации Олега Пахомова

УДК 821.133.1-311.3-93
ББК 84(4Фра)53-445.5
В35

Иллюстрации Олега Пахомова
Перевод с французского Н. А. Егорова

Верн, Жюль

В35 Путешествие к центру Земли : [роман] / Ж. Верн ; пер. с франц. ; ил. О. Н. Пахомова. – М. : Нигма, 2021. – 224 с. : ил. – (Страна приключений).

ISBN 978-5-4335-0853-8

«Путешествие к центру Земли» – один из первых научно-фантастических романов Жюля Верна, рассказывающий о дерзком и опасном путешествии в недра Земли через жерло вулкана.

Эксцентричный немецкий профессор минералогии Отто Лиденброк обнаруживает в старинной книге рунические письмена и с помощью племянника Акселя пытается разгадать скрытую за ними тайну. К ужасу молодого человека, текст гласит о возможности попасть к центру Земли через кратер вулкана в Исландии. Охваченный жаждой новых открытий, профессор, не теряя времени, отправляется в путь, взяв с собой отчаянно сопротивляющегося племянника. Под землёй героев ждёт невероятный доисторический мир – здесь текут горячие реки и бушует океан, растёт гигантский грибной лес и пасутся мастодонты. Отважным участникам экспедиции предстоит пережить страшный подземный шторм – но лишь для того, чтобы оказаться в жерле неизвестного действующего вулкана...

Книга проиллюстрирована Олегом Пахомовым.

УДК 821.133.1-311.3-93
ББК 84(4Фра)53-445.5

ISBN 978-5-4335-0853-8

© О. Н. Пахомов, иллюстрации, 2020
© ООО Издательский дом «НИГМА», 2021

ГЛАВА ПЕРВАЯ

В воскресенье 24 мая 1863 года мой дядя, профессор Отто Лиденброк, быстрыми шагами подходил к своему домику, номер 19 по Королевской улице — одной из самых старинных улиц древнего квартала Гамбурга.

Наша служанка Марта, наверно, подумала, что она запоздала с обедом, так как суп на плите лишь начинал закипать.

«Ну, — сказал я про себя, — если дядя голоден, то он, как человек нетерпеливый, устроит настоящий скандал».

— Вон уже и господин Лиденброк! — смущённо воскликнула Марта, приоткрыв слегка дверь столовой.

— Да, Марта, но суп может немного повариться, ведь ещё нет двух часов. В церкви святого Михаила пробило только что половину второго.

— Так почему же господин Лиденброк уже возвращается?

— Он, вероятно, объяснит нам причину.

— Ну, вот и он! Я бегу, господин Аксель, а вы его успокойте.

И Марта поспешила вернуться в свою кухонную лабораторию.

Я остался один. Успокаивать рассерженного профессора при моём несколько слабом характере было мне не по силам. Поэтому я собирался благоразумно удалиться наверх, в свою комнатку, как вдруг заскрипела входная дверь; ступени деревянной лестницы затрещали под длинными ногами, и хозяин дома, миновав столовую, быстро прошёл в свой рабочий кабинет.

На ходу он бросил в угол трость с набалдашником в виде щелкунчика, на стол — широкополую с взъерошенным ворсом шляпу и громко крикнул:

— Аксель, иди сюда!

Я не успел ещё сделать шага, как профессор в явном нетерпении снова позвал меня:

– Ну, где же ты!

Я бросился со всех ног в кабинет моего грозного дядюшки. Отто Лиденброк – человек не злой, я охотно свидетельствую это, но если его характер не изменится, что едва ли вероятно, то он так и умрёт большим чудаком.

Отто Лиденброк был профессором в Иоганнеуме и читал лекции по минералогии, причём регулярно раз или два в течение часа выходил из терпения. Отнюдь не потому, что его беспокоило, аккуратно ли посещают студенты его лекции, внимательно ли слушают их и делают ли успехи: этими мелочами он мало интересовался. Лекции его, согласно выражению немецкой философии, носили «субъективный» характер: он читал для себя, а не для других. Это был эгоистичный учёный, настоящий кладезь знания, однако издававший, при малейшей попытке что-нибудь из него почерпнуть, отчаянное скрипение, – словом, скупец!

В Германии немало профессоров подобного рода.

Дядюшка, к сожалению, не отличался живостью речи, по крайней мере когда говорил публично, – а это прискорбный недостаток для оратора. И в самом деле, на своих лекциях в Иоганнеуме профессор часто внезапно останавливался; он боролся с упрямым словом, которое не хотело соскользнуть с его губ, с одним из тех слов, которые сопротивляются, разбухают и, наконец, срываются с уст в форме какого-нибудь – отнюдь не научного – бранного словечка! Отсюда и его крайняя раздражительность.

В минералогии существует много полугреческих, полулатинских названий, трудно произносимых, грубых терминов, которые ранят уста поэта. Я вовсе не хочу хулить эту науку. Но, право, самому гибкому языку позволительно заплетаться, когда ему приходится произносить такие, например, названия, как ромбоэдрическая кристаллизация, ретинасфальтовая смола, гелениты, фангазиты, молибдаты свинца, тунгстаты марганца, титанаты циркония.

В городе знали эти извинительные слабости моего дядюшки и злоупотребляли ими: подстерегали опасные моменты, выводили его из себя и смеялись над ним, что даже в Германии отнюдь не считается признаком хорошего тона. И если на лекциях Лиденброка всегда было много слушателей, то это только потому, что большинство их приходило лишь позабавиться благородным гневом профессора.

Как бы то ни было, но мой дядюшка – я особенно подчёркиваю это – был истинным учёным. Хотя ему и приходилось, производя опыты, разбивать свои образцы, всё же дарование геолога в нём сочеталось с зоркостью взгляда минералога. Вооружённый молоточком, стальной иглой, магнитной стрелкой, паяльной трубкой и пузырьком с азотной кислотой, человек этот был на высоте своей профессии. По внешнему виду, излому, твёрдости, плавкости, звуку, запаху или вкусу он определял безошибочно любой минерал и указывал его место в классификации среди шестисот их видов, известных в науке наших дней.

Поэтому имя Лиденброка пользовалось заслуженной известностью в гимназиях и учёных обществах. Хемфри Дэви[1], Гумбольдт[2], Франклин и Сабин[3], будучи проездом в Гамбурге, не упускали случая сделать ему визит. Беккерель, Эбельмен, Брюстер[4], Дюма[5], Мильн-Эдвардс[6], Сент-Клер-Девиль[7] охотно советовались с ним по животрепещущим вопросам химии. Эта наука была обязана ему значительными открытиями, и в 1853 году вышла в свет в Лейпциге книга профессора Отто Лиденброка под заглавием: «Высшая кристаллография» – объёмистый труд in-folio[8] с рисунками; книга, однако, не окупила расходов по её изданию.

Кроме того, мой дядюшка был хранителем минералогического музея русского посланника Струве, ценной коллекции, пользовавшейся европейской известностью.

[1] Гемфри Дэви (Хэмфри Дэви) (1778–1829) – английский химик, агрохимик, физик и геолог, изобретатель, один из основателей электрохимии.

[2] Фридрих Вильгельм Генрих Александр фон Гумбольдт (1769–1859) – географ, натуралист и путешественник, один из основателей географии как самостоятельной науки.

[3] Возможно, имеется в виду Эдвард Сабин (1788–1883) – выдающийся английский путешественник, естествоиспытатель, арктический исследователь, генерал.

[4] Дейвид Брюстер (1781–1868) – английский физик, член Лондонского королевского общества (1815).

[5] Возможно, имеется в виду Жан-Батист Андре Дюма (1800–1884) – французский химик-органик и государственный деятель.

[6] Анри Мильн-Эдвардс (1800–1885) – известный французский зоолог и естествоиспытатель.

[7] Анри Сент-Клер Девиль (1818–1881) – французский химик. Разработал первый промышленный способ получения алюминия (1854).

[8] Формат издания в 1/2 бумажного листа, получаемый фальцовкой в один сгиб.

Таков был человек, звавший меня столь нетерпеливо. Теперь представьте себе его наружность: мужчина лет пятидесяти, высокого роста, худощавый, но обладавший железным здоровьем, по-юношески белокурый, глядевший лет на десять моложе своего возраста. Его большие глаза так и бегали за стёклами внушительных очков; его длинный и тонкий нос походил на отточенный клинок; злые языки утверждали, что он намагничен и притягивает железные опилки... Сущая клевета! Он притягивал только табак, но, правду сказать, в большом количестве.

А если прибавить, что дядюшкин шаг, говоря с математическою точностью, длиною равнялся полтуаза[1], и заметить, что на ходу он крепко сжимал кулаки — явный признак вспыльчивого нрава, — то этих сведений будет достаточно для того, чтобы пропала всякая охота искать его общества.

Он жил на Королевской улице в собственном домике, построенном наполовину из дерева, наполовину из кирпича, с зубчатым фронтоном; дом стоял у излучины одного из каналов, которые пересекают самую старинную часть Гамбурга, счастливо пощажённую пожаром 1842 года.

Старый дом чуть накренился и, что таить, выпячивал брюхо напоказ прохожим. Крыша на нём сидела криво, как шапочка на голове студента, состоявшего членом Тугендбунда[2]; отвесное положение его стен оставляло желать

[1] Туаз — французская единица длины, использовавшаяся до введения метрической системы, равен 1,949 м.

[2] Тугендбунд — тайное политическое общество в Пруссии в начале XIX века, созданное с целью возрождения «национального духа» (после разгрома Пруссии Наполеоном I). Членами общества в основном были либеральные дворяне, представители интеллигенции, чиновники и студенты.

лучшего, но в общем дом держался стойко благодаря древнему вязу, подпиравшему его фасад и весной касавшемуся своими цветущими ветвями его окон.

Для немецкого профессора дядюшка был сравнительно богат. Дом, со всем содержащимся в нём и содержимым, был его полной собственностью. К содержимому следует отнести его крестницу Гретхен, семнадцатилетнюю девушку из Фирланде[1], служанку Марту и меня. В качестве племянника и сироты я стал главным помощником профессора в его научных опытах.

Признаюсь, я находил удовольствие в занятиях геологическими науками; в моих жилах текла кровь минералога, и я никогда не скучал в обществе моих драгоценных камней.

Впрочем, можно было счастливо жить в этом домике на Королевской улице, несмотря на вспыльчивый нрав его владельца, потому что последний, хотя и обращался со мною несколько грубо, всё же любил меня. Но этот человек не умел ждать и торопился обогнать даже природу.

В апреле месяце дядюшка обычно сажал в фаянсовые горшки в своей гостиной отростки резеды и вьюнков, и затем каждое утро регулярно, не давая им покоя, он теребил их листочки, чтобы ускорить рост цветка.

Имея дело с таким оригиналом, ничего другого не оставалось, как повиноваться. Поэтому я поспешил в его кабинет.

ГЛАВА ВТОРАЯ

Кабинет был настоящим музеем. Здесь находились все образцы минерального царства, снабжённые этикетками и разложенные в полном порядке по трём крупным разделам минералов: горючих, металлических и камневидных.

Как хорошо были знакомы мне эти безделушки минералогии! Как часто я, вместо того чтобы бездельничать с товарищами, находил удовольствие в том, что сметал пыль с этих графитов, антрацитов, лигнитов, каменных углей

[1] Местность близ Гамбурга.

и торфов! А битумы, асфальт, органические соли — как тщательно их нужно было охранять от малейшей пылинки! А металлы, начиная с железа и кончая золотом, относительная ценность которых исчезала перед абсолютным равенством научных образцов! А все эти камни, которых достаточно было бы для того, чтобы заново построить целый дом на Королевской улице, и даже с прекрасной комнатой вдобавок, в которой я мог бы так хорошо устроиться!

Однако, когда я вошёл в кабинет, я думал не об этих чудесах. Моя мысль была всецело поглощена дядюшкой. Он сидел в своём поместительном, обитом утрехтским бархатом[1], кресле и держал в руках книгу, которую рассматривал в глубочайшем изумлении.

— Какая книга, какая книга! — восклицал он.

Этот возглас напомнил мне, что профессор Лиденброк время от времени становился библиоманом; но книга имела в его глазах ценность только в том случае, если она являлась такой редкостной, что её трудно было найти, или по крайней мере представляющей по своему содержанию какую-нибудь научную загадку.

— Ну, — сказал он, — разве ты не видишь? Это бесценное сокровище, я отрыл его утром в лавке еврея Гевелиуса.

— Великолепно! — ответил я с притворным восхищением.

И действительно, к чему столько шуму из-за старой книжонки в кожаном переплёте, из-за старинной пожелтевшей книжки с выцветшими буквами?

Между тем профессорские восторженные восклицания не прекращались.

— Посмотрим! Ну, разве это не прекрасно? — спрашивал он самого себя и тут же отвечал. — Да это прелесть что такое! А что за переплёт! Легко ли книга раскрывается? Ну, конечно! Её можно держать раскрытой на любой странице! Но хорошо ли она выглядит в закрытом виде? Отлично! Обложка книги и листы хорошо сброшюрованы, всё на месте, всё пригнано одно к другому! А что за корешок? Семь веков существует книга, а не единого надлома! Вот это переплёт! Он мог бы составить гордость Бозериана, Клосса и Пюргольда!

1 Утрехтский бархат — название от провинции Утрехт (Нидерланды); ткань из шерсти, выполненная в бархатной технике, один из сортов трипа.

Рассуждая так, дядюшка то открывал, то закрывал старинную книгу.

Я не нашёл ничего лучшего, как спросить его, что же это за книга, хотя она и мало меня интересовала.

– А каково же заглавие этой замечательной книги? – спросил я лицемерно.

– Это сочинение, – отвечал дядюшка, воодушевляясь, – носит название «Хеймс-Крингла», автор его Снорре Турлесон, знаменитый исландский писатель двенадцатого века! Это история норвежских конунгов, правивших в Исландии!

– Неужели? – воскликнул я, сколько возможно радостнее. – Вероятно, в немецком переводе?

– Фу-ты! – возразил живо профессор. – В переводе!.. Что мне делать с твоим переводом? Кому он нужен, твой перевод? Это оригинальный труд на исландском языке – великолепном, богатом идиомами и в то же время простом наречии, в котором, не нарушая грамматической структуры, уживаются самые причудливые словообразования.

– Как в немецком языке, – прибавил я, подлаживаясь к нему.

– Да, – ответил дядюшка, пожимая плечами, – но с той разницей, что в исландском языке существуют три грамматических рода, как в греческом, и собственные имена склоняются, как в латинском.

– Ах, – воскликнул я, превозмогая своё равнодушие, – какой прекрасный шрифт!

– Шрифт? О каком шрифте ты говоришь, несчастный Аксель? Дело вовсе не в шрифте! Ах, ты, верно, думаешь, что книга напечатана? Нет, глупец, это манускрипт, рунический манускрипт!..

– Рунический?

– Да! Ты, может быть, попросишь объяснить тебе это слово?

– В этом я не нуждаюсь, – ответил я тоном оскорблённого человека.

Но дядюшка продолжал ещё усерднее поучать меня, помимо моей воли, вещам, о которых я и знать не хотел.

– Руны, – продолжал он, – это письменные знаки, которые некогда употреблялись в Исландии и, по преданию, были изобретены самим Одином![1] Но взгляни же, полюбуйся, нечестивец, на эти письмена, созданные фантазией самого бога!

[1] О́ д и н – в скандинавской мифологии высший из богов.

Вместо того чтобы ответить, я готов был упасть на колени, — ведь такого рода ответ угоден и богам и королям, ибо имеет за собой то преимущество, что никогда и никого не может обидеть. Но тут одно неожиданное происшествие дало нашему разговору другой оборот.

Внезапно из книги выпал полуистлевший пергамент.

Дядюшка накинулся на эту безделицу с жадностью вполне понятной. В его глазах ветхий документ, лежавший, быть может, с незапамятных времён в древней книге, должен был, несомненно, иметь очень большую ценность.

— Что это такое? — воскликнул дядюшка.

И он бережно развернул на столе клочок пергамента в пять дюймов длиной, в три шириной, на котором были начертаны поперечными строчками какие-то знаки, достойные чернокнижия.

Вот точный снимок с рукописи. Мне крайне необходимо привести эти загадочные письмена по той причине, что они побудили профессора Лиденброка и его племянника предпринять самое удивительное путешествие XIX века.

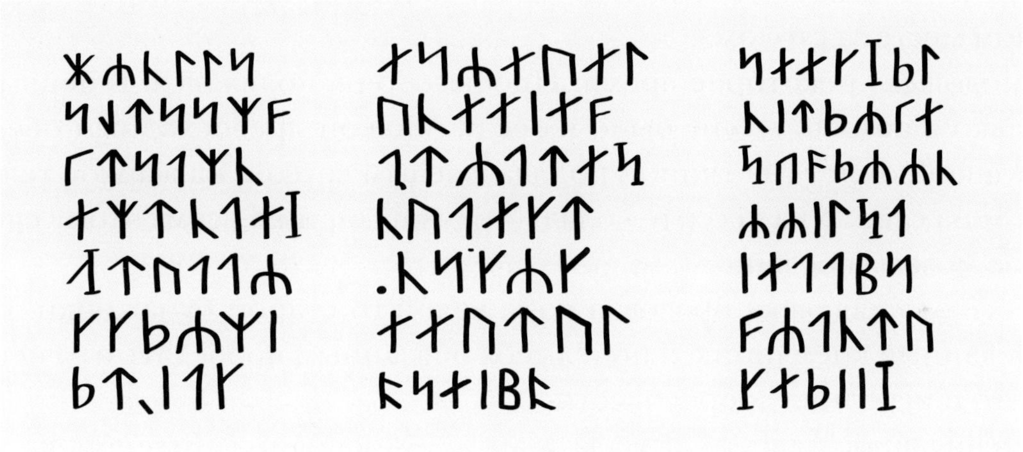

Профессор в продолжение нескольких минут рассматривал рукопись; затем, подняв повыше очки, сказал:

— Это рунические письмена; знаки эти совершенно похожи на знаки манускрипта Снорре[1]. Но… что же они означают?

[1] Снорре Стурлусон (1178–1241) — выдающийся поэт, историограф и крупный политический деятель древней Исландии.

Так как мне казалось, что рунические письмена лишь выдумка учёных для одурачивания простого люда, то меня отнюдь не огорчило, что дядя ничего не мог понять. По крайней мере, я заключил это по нервным движениям его пальцев.

— Ведь это всё же древнеисландский язык, — бормотал он себе под нос.

И профессор Лиденброк должен был, конечно, знать, какой это язык, ведь недаром он слыл замечательным языковедом. Он не только прекрасно понимал две тысячи языков и четыре тысячи диалектов, которые известны на земном шаре, но и говорил на доброй части из них.

Встретив непредвиденное затруднение, он собирался было впасть в гнев, и я уже ожидал бурную сцену, но в это время на каминных часах пробило два.

Тотчас же приотворилась дверь в кабинет, и Марта доложила:

— Суп подан.

— К чёрту суп, — закричал дядюшка, — и того, кто его варит, и того, кто будет его есть!

Марта убежала. Я поспешил за нею и оказался, сам не зная как, на своём обычном месте за столом.

Я подождал некоторое время. Профессор не появлялся. В первый раз, насколько я помню, его не было к обеду. А какой превосходный обед! Суп с петрушкой, омлет с ветчиной под щавелевым соусом; на жаркое телятина с соусом из слив, а на десерт — оладьи с сахаром, и ко всему этому ещё прекрасное мозельское вино.

И всё это дядюшка прозевал из-за какой-то старой бумажонки. Право, как преданный племянник, я почёл себя обязанным пообедать и за него и за себя, что и исполнил добросовестно.

— Невиданное дело! — сказала Марта. — Господина Лиденброка нет за столом!

— Невероятный случай!

— Это плохой признак, — продолжала старая служанка, покачивая головой.

По-моему, отсутствие дядюшки за столом не предвещало ровно ничего, кроме ужасной сцены, когда обнаружится, что его обед съеден.

Я с жадностью доедал последнюю оладышку, как вдруг громкий голос оторвал меня от стола.

Одним прыжком я был в кабинете дяди.

ГЛАВА ТРЕТЬЯ

— Ясно, что это рунические письмена, — сказал профессор, морща лоб. — Но я открою тайну, которая в них скрыта, иначе...

Резким жестом он довершил свою мысль.

— Садись сюда, — продолжал он, указывая на стол, — и пиши.

В мгновение ока я был готов.

— А теперь я буду диктовать тебе каждую букву нашего алфавита, соответствующую одному из этих исландских знаков. Посмотрим, что из этого выйдет. Но, ради всего святого, остерегись ошибок!

Он начал диктовать. Я прилагал все свои старания, чтобы не ошибиться. Он называл одну букву за другой, и таким образом последовательно составлялась таблица непостижимых слов:

mm.rnlls	esreuel	seecJde
sgtssmf	unteief	niedrke
kt,samn	atrateS	Saodrrn
emtnael	nuaect	rrilSa
Atvaar	.nscrc	ieaabs
ccdrmi	eeutul	frantu
dt,iac	oseibo	KediiY

Когда работа была окончена, дядюшка живо выхватил у меня из рук листок, на котором я писал буквы, и долго и внимательно их изучал.

— Что же это значит? — повторял он машинально.

Откровенно говоря, я не мог бы ответить ему на его вопрос. Впрочем, он и не спрашивал меня, а продолжал говорить сам с собой.

— Это то, что мы называем шифром, — рассуждал он вслух. — Смысл написанного умышленно скрыт за буквами, расставленными в беспорядке, но, однако, если бы их расположить в надлежащей последовательности, то они образовали бы понятную фразу. Как я мыслю, в ней, быть может, скрывается объяснение какого-нибудь великого открытия или указание на него!

Я, со своей стороны, думал, что тут ровно ничего не скрыто, но остерёгся высказать своё мнение.

Профессор между тем взял книгу и пергамент и начал их сравнивать.

— Записи эти сделаны не одной и той же рукой, — сказал он, — зашифрованная записка более позднего происхождения, чем книга, и неопровержимое доказательство тому мне сразу же бросилось в глаза. В самом деле, в тайнописи первая буква — двойное М — не встречается в книге Турлесона, ибо она была введена в исландский алфавит только в четырнадцатом веке. Следовательно, между манускриптом и документом лежат по крайней мере два столетия.

Рассуждение это показалось мне довольно логичным.

— Это наводит меня на мысль, — продолжал дядюшка, — что таинственная запись сделана одним из обладателей книги. Но кто же, чёрт возьми, был этот обладатель? Не оставил ли он своего имени на какой-нибудь странице рукописи?

Дядюшка поднял повыше очки, взял сильную лупу и тщательно просмотрел первые страницы книги. На обороте второй страницы он открыл что-то вроде пятна, похожего на чернильную кляксу; но, вглядевшись попристальнее, можно было различить несколько наполовину стёртых знаков. Дядя понял, что именно на это место надо обратить наибольшее внимание; он принялся чрезвычайно старательно рассматривать его и разглядел, наконец, с помощью своей лупы следующие рунические письмена, которые смог прочесть без затруднения:

— Арне Сакнуссем! — воскликнул он торжествующе. — Но ведь это имя, и к тому же ещё исландское, имя учёного шестнадцатого столетия, знаменитого алхимика!

Я посмотрел на дядю с некоторым удивлением.

— Алхимики, — продолжал он, — Авиценна[1], Бэкон[2], Люль, Парацельс[3] были единственными истинными учёными своей эпохи. Они сделали открытия, которым мы можем только удивляться. Разве не мог Сакнуссем под

[1] Авиценна (980–1037) — средневековый персидский учёный, философ и врач.

[2] Фрэнсис Бэкон (1561–1626) — английский философ, историк, политик, основоположник эмпиризма и английского материализма.

[3] Парацельс (настоящее имя Филипп Ауреол Теофраст Бомбаст фон Гогенгейм) (1493–1541) — швейцарский алхимик, врач, философ, естествоиспытатель, натурфилософ эпохи Возрождения, подверг критическому пересмотру идеи древней медицины.

этим шрифтом скрыть какое-либо удивительное открытие? Так оно должно быть! Так оно и есть!

При этой гипотезе воображение профессора разыгралось.

— Весьма вероятно, — дерзнул я ответить, — но какой мог быть расчёт у этого учёного держать в тайне столь чудесное открытие?

— Какой? Какой? Почём я знаю! Разве Галилей не так же поступил с Сатурном? Впрочем, мы увидим: я вырву тайну этого документа и не буду ни есть, ни спать, пока не разгадаю её.

«Ну-ну!» — подумал я.

— Ни я, Аксель, и не ты! — продолжал он.

«Чёрт возьми! — сказал я про себя, — как хорошо, что я пообедал за двоих!»

— Прежде всего, — сказал дядюшка, — надо выяснить язык «шифра». Это не должно представлять затруднений.

При этих словах я живо поднял голову. Дядюшка продолжал разговор с самим собой:

— Нет ничего легче! Документ содержит сто тридцать две буквы: семьдесят девять согласных и пятьдесят три гласных. Приблизительно такое же соотношение существует в южных языках, в то время как наречия севера бесконечно богаче согласными. Следовательно, мы имеем дело с одним из южных языков.

Выводы были правильны.

Но какой же это язык?

— Сакнуссем, — продолжал дядя, — был учёный человек; поэтому, раз он писал не на родном языке, то, разумеется, должен был отдавать преимущество языку, общепринятому среди образованных умов шестнадцатого века, а именно — латинскому. Если я ошибаюсь, то можно будет испробовать испанский, французский, итальянский, греческий или еврейский. Но учёные шестнадцатого столетия писали обычно на латинском. Таким образом, я вправе признать не подлежащим сомнению, что это латынь.

Я вскочил со стула. Мои воспоминания латиниста возмущались против утверждения, что этот ряд неуклюжих знаков может принадлежать сладкозвучному языку Вергилия[1].

— Да, латынь, — продолжал дядюшка, — но запутанная латынь.

[1] Публий Вергилий Марон (70–19 гг. до н. э.) — выдающийся древнеримский поэт.

«Отлично! — подумал я. — Если ты её распутаешь, милый дядюшка, ты окажешься весьма сметливым!»

— Всмотримся хорошенько, — сказал он, снова взяв исписанный мною листок. — Вот ряд из ста тридцати двух букв, расположенных крайне беспорядочно. Вот слова, в которых встречаются только согласные, как, например, первое «rnlls»; в других, напротив, преобладают гласные, например, в пятом «unteief», или в предпоследнем — «oseibo». Очевидно, что эта группировка не случайна; она произведена математически, при помощи неизвестного нам соотношения между двумя величинами, которое определило последовательность этих букв. Я считаю несомненным, что первоначальная фраза была написана правильно, но затем по какому-то принципу, который надо найти, подверглась преобразованию. Тот, кто владел бы ключом этого шифра, свободно прочёл бы её. Но что это за ключ? Аксель, не знаешь ли ты его?

На этот вопрос я не мог ответить — и по весьма основательной причине: мои взоры были устремлены на прелестный портрет, висевший на стене, — на портрет Гретхен. Воспитанница дядюшки находилась в это время в Альтоне у одной из родственниц, и я был очень опечален её отсутствием, так как — теперь я могу в этом сознаться — хорошенькая питомица профессора и его племянник любили друг друга с истинным постоянством и чисто немецкой сдержанностью. Мы обручились без ведома дяди, который был слишком геологом для того, чтобы понимать подобные чувства. Гретхен была очаровательная блондинка, с голубыми глазами, с несколько твёрдым характером и серьёзным складом ума; но это ничуть не уменьшало её любви ко мне; что касается меня, я обожал её, если только это понятие существует в старогерманском языке. Образ моей юной фирландки перенёс меня мгновенно из мира действительности в мир грёз и воспоминаний.

Я мечтал о моём верном друге в часы трудов и отдохновения. Она изо дня в день помогала мне приводить в порядок дядюшкину бесценную коллекцию камней; вместе со мной она наклеивала на них этикетки. Мадмуазель Гретхен была очень сильна в минералогии! Она могла бы заткнуть за пояс любого учёного. Она любила углубляться в научные премудрости. Сколько чудных часов провели мы за совместными занятиями! И как часто я завидовал бесчувственным камням, к которым прикасалась её прелестная рука!

Окончив работу, мы шли вместе по тенистой аллее Альстера до старой мельницы, которая так чудесно рисовалась в конце озера. Дорогою мы

болтали, держась за руки; я рассказывал ей различные весёлые истории, заставлявшие её от души смеяться; наш путь вёл нас к берегам Эльбы, и там, попрощавшись с лебедями, которые плавали среди белых кувшинок, мы садились на пароход и возвращались домой.

В то мгновение, когда я в своих мечтаниях уже всходил на набережную, дядя, ударив кулаком по столу, сразу вернул меня к действительности.

– Посмотрим, – сказал он. – При желании затемнить смысл фразы первое, что приходит на ум, как мне кажется, это написать слова в вертикальном направлении, а не в горизонтальном. Надо посмотреть, что из этого выйдет! Аксель, напиши какую-нибудь фразу на этом листке, но вместо того, чтобы располагать буквы в строчку, одну за другой, напиши их в той же последовательности, но вертикально, по пяти или по шести в столбце.

Я понял, в чём дело, и написал немедленно сверху вниз:

Я т е ц р р !
л е м е о е
ю б с м г т
б я е , а х
л в р д я е
ю с д о Г н

– Хорошо, – сказал профессор, не читая написанного. – Теперь напиши буквы, которые получились в столбце, в строчку.

Я повиновался, получилась следующая фраза:

«Ятецрр! лемеое юбсмгт бяе,ах лврдяе юсдоГн!»

– Превосходно! – произнёс дядюшка, вырывая у меня из рук листок. – Это уже походит на наш старый документ; гласные и согласные расположены в одинаковом беспорядке, даже прописная буква и запятая в середине слова, совсем как на пергаменте Сакнуссема!

Я не мог не признать, что эти замечания весьма глубокомысленны.

– А теперь, – продолжал дядюшка, обращаясь уже непосредственно ко мне, – для того чтобы прочесть фразу, которую ты написал и содержания которой я не понимаю, мне достаточно соединять по порядку сначала первые буквы каждого слова, потом вторые, потом третьи и так далее.

И дядя, к своему и к моему величайшему изумлению, прочёл:

«Я люблю тебя всем сердцем, дорогая Гретхен!»

– Ого! – сказал профессор.

Да, как влюблённый глупец, необдуманно, я написал эту предательскую фразу!

– Так-с!.. Ты, значит, любишь Гретхен? – продолжал дядюшка тоном заправского опекуна.

– Да... Нет... – бормотал я.

– Так-с, ты любишь Гретхен! – машинально повторил он. – Ну, хорошо, применим мой метод к исследуемому документу.

И дядюшка снова погрузился в размышление, которое целиком заняло его внимание и заставило его забыть о моих неосторожных словах. Я говорю «неосторожных», потому что голова учёного была неспособна понимать сердечные дела. Но, к счастью, интерес к документу победил. Глаза профессора Лиденброка, когда он собирался произвести свой решающий опыт, метали молнии сквозь очки; дрожащими пальцами он снова взял древний пергамент. Он был взволнован не на шутку. Наконец, дядюшка основательно прокашлялся и начал диктовать мне торжественным тоном, называя сначала первые буквы каждого слова, потом вторые; он диктовал буквы в таком порядке:

messunkaSenrA.icefdoK.segnittamurtn
ecertserrette,rotaivsadua,ednecsedsadne
lacartniiiluJsiratracSarbmutabiledmek
meretarcsilucoYsleffenSnI

Сознаюсь, что, кончая дописывать, я волновался: в сочетании этих букв, произносимых одна за другой, я не мог уловить ровно никакого смысла, а я с нетерпением ожидал, что из уст профессора потечёт на великолепной латыни торжественная речь.

Но кто бы мог ожидать этого? Сильный удар кулака потряс стол. Чернила брызнули, перо выпало у меня из рук.

– Да это совсем не то! – закричал дядюшка. – Тут чистая бессмыслица!

И, пролетев, как пушечное ядро, через кабинет, скатившись по лестнице, словно лавина, он устремился на Королевскую улицу и кинулся бежать во весь дух.

ГЛАВА ЧЕТВЁРТАЯ

— Он ушёл? — воскликнула Марта, испуганная грохотом входной двери, захлопнутой с такой силой, что затрясся весь дом.

— Да, — ответил я, — совсем ушёл!

— Как же так? А обед? — спросила старая служанка.

— Он не будет обедать!

— А ужинать?

— Он не будет ужинать!

— Как? — сказала Марта, всплеснув руками.

— Да, добрейшая Марта, он не будет больше есть, и никто не будет есть во всём доме! Дядюшка хочет заставить нас всех поститься до тех пор, пока ему не удастся разобрать всю эту тарабарщину, которая решительно не поддаётся расшифровке.

— Господи Иисусе! Так нам, значит, ничего не остаётся, как умереть с голода?

Я не отваживался признаться, что, имея дело со столь упорным человеком, как мой дядя, нас неизбежно ждёт печальная участь.

Старая служанка, вздыхая, отправилась к себе на кухню.

Когда я остался один, мне пришло на мысль пойти и поскорее рассказать Гретхен всю эту историю. Но как отлучиться из дома? Профессор мог каждую минуту вернуться. А что, если он меня позовёт? А что, если он захочет снова начать свою работу по разгадыванию логогрифа, которую не сумел бы выполнить и сам Эдип?[1] И что будет, если я не откликнусь на его зов?

Самое разумное было оставаться. Как раз недавно один минералог из Безансона прислал нам коллекцию камнистых жеод, которые нужно было классифицировать. Я принялся за дело. Я выбирал, наклеивал ярлыки, размещал в стеклянном ящике все эти полые камни, в которых поблёскивали маленькие кристаллы.

[1] Эдип — в древнегреческой мифологии сын фиванского царя Лая и его жены Иокасты, один из самых трагических героев мифов и драм. Явившись в Фивы, Эдип освободил город от страшного чудовища Сфинкса, разгадав её загадку, за что Фивы избрали Эдипа своим царём.

Но это занятие не поглощало меня всего. Старый документ не выходил у меня из памяти. Голова моя горела, и я был охвачен каким-то беспокойством. Я предчувствовал неминуемую катастрофу.

По прошествии часа мои камни были размещены по порядку. Я опустился в «утрехтское» кресло, запрокинул голову и свесил руки. Потом я закурил трубку, длинный изогнутый чубук которой был украшен фигуркой наяды, и забавлялся, наблюдая, как мало-помалу моя наяда, покрываясь копотью, превращалась в настоящую негритянку. Время от времени я прислушивался, не раздаются ли шаги на лестнице, но ничего не было слышно. Где же мог быть теперь дядя? Я представлял его себе бегущим по прекрасной аллее Альтонской улицы, на ходу он в неистовстве сбивает концом своей палки листья с деревьев, чертит какие-то знаки на стенах, отсекает головки чертополоха и нарушает покой сонных лебедей.

Вернётся ли он торжествующим или обескураженным? Удастся ли ему разгадать тайну? Рассуждая сам с собой, я машинально взял в руки лист бумаги, на котором выстроился ряд загадочных строк, начертанных моей рукой.

Я повторял: «Что же это означает?»

Я пытался так сгруппировать буквы, чтобы они образовали слова, но ничего не выходило! Их можно было соединять как угодно, по две, по три, по пяти или по шести, толку от этого не было. Но всё же из четырнадцатой, пятнадцатой и шестнадцатой буквы получалось английское слово «ice», а из восемьдесят четвёртой, восемьдесят пятой и восемьдесят шестой слово «sir». Наконец, в самой середине документа, на третьей строке, я заметил латинские слова «rota», «mutabile», «ira», «nec», «atra».

«Чёрт возьми! – подумал я. – По этим словам дядя, пожалуй, мог бы судить о языке документа. И на четвёртой строке я различаю даже ещё слово „luco“, что означает „священная роща“; правда, на третьей можно прочитать слово „tabiled“, совершенно еврейское слово, а на последней – слова „mer“, „arc“, „mère“ – слова чисто французские».

Было от чего потерять голову! Четыре различных наречия в одной бессмысленной фразе! Какая могла существовать связь между словами «лёд», «господин», «гнев», «жестокий», «священная роща», «переменчивый», «мать», «лук», «море»?

Только последнее и первое слово легко можно было соединить друг с другом; ничего не было удивительного, что в документе, написанном в Исландии, говорилось о «ледяном море». Но остальную часть шифра понять было не так-то легко.

Я боролся с неразрешимой трудностью; мозг мой разгорячился; я хлопал глазами, глядя на листок бумаги, казалось, что все эти сто тридцать две буквы прыгали передо мною, как светящиеся точки мелькают перед закрытыми глазами, когда кровь приливает к голове.

Я оказался во власти своего рода галлюцинации; я задыхался, мне не хватало воздуха. Совершенно машинально я стал обмахиваться этим листком бумаги, так что лицевая и оборотная стороны листка попеременно представали перед моими глазами.

Каково же было моё изумление, когда вдруг мне показалось, что передо мной промелькнули знакомые, совершенно ясные слова, латинские слова: «craterem», «terrestre»!

Разом луч света озарил моё сознание; эти скупые следы навели меня на путь истины; я нашёл секрет шифра! Чтобы понять документ, совсем не требовалось его читать сквозь оборотную сторону листа. Нет, загадочные письмена можно было свободно прочесть в том виде, в каком они были начертаны, а именно в том, в каком текст был продиктован. Все остроумные предположения профессора оказывались правильными; он был прав и относительно расположения букв и относительно языка документа! Для того чтобы прочитать это латинское предложение с начала до конца, ему лишь не хватало ещё «чего-то», и это «что-то» открыл мне случай!

Разумеется, я был очень взволнован. В глазах у меня помутилось, они отказывались мне служить. Я разложил пергамент на столе. Мне достаточно было бросить один только взгляд на шифр, чтобы овладеть тайной.

Наконец я с трудом унял своё волнение. Для успокоения нервов я заставил себя пройтись два раза по комнате, а затем снова опустился в кресло.

– Прочтём теперь! – воскликнул я, вздохнув полной грудью.

Я склонился над столом, проследил пальцем по порядку каждую букву и прочёл громким голосом всю фразу, не останавливаясь, не запнувшись ни на одно мгновение.

Но какое изумление, какой ужас охватили меня! Сначала я стоял, словно поражённый ударом. Как! Неужели то, что я только что узнал, было уже осуществлено? Неужели нашёлся такой смельчак, что проник...

– Ах! – вскричал я в сердцах. – Нет, нет, дядя не должен узнать этого! Иначе он непременно пустится в такое путешествие! Он тоже захочет испытать всё это! Ничто не сможет удержать его, такого смелого геолога! Он поедет непременно, несмотря ни на что, вопреки всему! И он возьмёт меня с собой, и мы никогда не вернёмся! Никогда, никогда!

Я был в неописуемом возбуждении.

– Нет, нет, этому не бывать! – произнёс я с энергией. – И раз в моей власти не допустить, чтобы такая мысль пришла в голову моему тирану, я не допущу! Переворачивая документ и так и эдак, он может случайно найти ключ к шифру! Так я уничтожу документ!

В камине тлели ещё угли. Я схватил не только исписанный мною лист, но также и пергамент Сакнуссема; дрожащей рукой я собирался бросить проклятые бумаги в огонь и таким образом скрыть опасную тайну.

В этот момент дверь кабинета отворилась, и вошёл дядюшка.

ГЛАВА ПЯТАЯ

Я едва успел положить злосчастный документ на стол.

Профессор Лиденброк, казалось, был совершенно измучен. Овладевшая им мысль не давала ему ни минуты покоя; во время прогулки он, очевидно, исследовал и разбирал мучившую его загадку, напрягая все силы своего воображения, и вернулся, чтобы испробовать какой-то новый приём.

И в самом деле, он сел в своё кресло, схватил перо и начал записывать формулы, похожие на алгебраические вычисления.

Я следил взглядом за его дрожащей рукой; я не упускал из виду ни малейшего его движения. Что, если случайно он натолкнётся на разгадку? Я волновался, и совсем напрасно: ведь если «единственный» правильный способ прочтения был открыт, то всякое исследование в ином направлении должно было остаться тщетным.

В течение трёх часов без перерыва трудился дядюшка, не говоря ни слова, не поднимая головы, то зачёркивая свои писания, то восстанавливая их, то опять марая написанное и в тысячный раз начиная сначала.

Я хорошо знал, что если бы ему удалось составить из этих букв все мыслимые словосочетания, то искомая фраза в конце концов получилась бы. Но я знал также, что из двадцати букв получается два квинтильона четыреста тридцать два квадрильона девятьсот два триллиона восемь миллиардов сто семьдесят шесть миллионов шестьсот сорок тысяч словосочетаний! А в этой записи было сто тридцать две буквы, и эти сто тридцать две буквы могли образовать такое невероятное количество словосочетаний, что не только исчислить было почти невозможно, но даже и представить себе!

Я мог успокоиться относительно этого героического способа разрешить проблему.

Между тем время шло; наступила ночь; шум на улицах стих; дядюшка, всё ещё занятый разрешением своей задачи, ничего не видел, не заметил даже Марту, когда она приотворила дверь; он ничего не слышал, даже голоса этой верной служанки, спросившей его:

— Сударь, вы будете сегодня ужинать?

Марте пришлось уйти, не получив ответа. Что касается меня, то, как я ни боролся с дремотой, всё же заснул крепким сном, примостившись в уголке дивана, между тем как дядюшка Лиденброк упорно продолжал вычислять и снова вычёркивать свои формулы.

Когда утром я проснулся, неутомимый исследователь всё ещё был за работой. Его красные глаза, волосы, всклокоченные нервной рукой, лихорадочные пятна на бледном лице в достаточной степени свидетельствовали о той страшной борьбе, которую он вёл в своём стремлении добиться невозможного, и о том, в каких усилиях мысли, в каком напряжении мозга протекали для него ночные часы.

Право, я его пожалел. Несмотря на то, что втайне я его упрекал, и вполне справедливо, всё же его тщетные усилия тронули меня. Бедняга был до того поглощён своей идеей, что позабыл даже рассердиться. Все его жизненные силы сосредоточились на одной точке, и так как для них не находилось выхода, можно было опасаться, что от умственного напряжения у моего дядюшки голова расколется.

Я мог одним движением руки, одним только словом освободить его от железных тисков, сжимавших его череп! Но я этого не делал.

А между тем сердце у меня было доброе. Отчего же оставался я нем и глух при таких обстоятельствах? Да в интересах самого же дяди.

«Нет, нет! я ничего не скажу! — твердил я сам себе. — Я его знаю, он захочет поехать; ничто не сможет остановить его. У него вулканическое воображение, и он рискнёт жизнью, чтобы совершить то, чего не сделали другие геологи. Я буду молчать; я удержу при себе тайну, обладателем которой сделала меня случайность! Сообщить её ему — значит, обречь профессора Лиденброка на смерть! Пусть он её отгадает, если сумеет. Я вовсе не желаю, чтобы мне когда-нибудь пришлось упрекать себя за то, что я толкнул его на погибель!»

Приняв это решение, я скрестил руки и стал ждать. Но я не учёл побочного обстоятельства, имевшего место несколько часов тому назад.

Когда Марта собралась было идти на рынок, оказалось, что заперта наружная дверь и ключ из замка вынут. Кто же его мог взять? Очевидно, дядя, когда он вернулся накануне вечером с прогулки.

Было ли это сделано с намерением или нечаянно? Неужели он хотел подвергнуть нас мукам голода? Но это было бы уже слишком! Как! Заставлять меня и Марту страдать из-за того, что нас совершенно не касается? Ну, конечно, это так и было! И я вспомнил другой подобный же случай, способный кого угодно привести в ужас. В самом деле, несколько лет назад, когда дядя работал над своей минералогической классификацией, он пробыл однажды без пищи сорок восемь часов, причём всему дому пришлось разделить с ним эту научную диету. У меня начались тогда судороги в желудке — вещь мало приятная для молодца, обладающего дьявольским аппетитом.

И я понял, что завтрак сегодня будет так же отменён, как вчера ужин. Я решил, однако, держаться героически и не поддаваться требованиям желудка. Марта, не на шутку встревоженная, всполошилась. Что касается меня, больше всего я был обеспокоен невозможностью уйти из дому. Причина была ясна.

Дядя всё продолжал работать: воображение уносило его в высокие сферы умозаключений; он витал над землёй и в самом деле не ощущал земных потребностей.

Около полудня голод стал серьёзно мучить меня. В простоте сердечной Марта извела накануне все запасы, находившиеся у неё в кладовой; в доме не осталось решительно ничего съестного. Но всё-таки я стойко держался; это стало для меня своего рода делом чести.

Пробило два часа. Положение начинало становиться смешным, даже невыносимым. У меня буквально живот подводило. Мне начинало казаться, что я преувеличил важность документа, что дядя не поверит сказанному в нём, признает его простой мистификацией, что в худшем случае, если даже он захочет пуститься в такое предприятие, его можно будет насильно удержать; что, наконец, он может и сам найти ключ шифра, и тогда окажется, что я даром постился.

Эти доводы, которые я накануне отбросил бы с негодованием, представлялись мне теперь превосходными; мне показалось даже смешным, что я так долго колебался, и я решил всё сказать.

Я ждал лишь благоприятного момента, чтобы начать разговор, как вдруг профессор встал, надел шляпу, собираясь уходить.

Как! Уйти из дома, а нас снова запереть! Да никогда!

– Дядюшка, – сказал я.

Казалось, он не слыхал.

– Дядя Лиденброк! – повторил я, повышая голос.

– Что? – спросил он, как человек, которого внезапно разбудили.

– Как это, что! А ключ?

– Какой ключ? От входной двери?

– Нет, – воскликнул я, – ключ к документу!

Профессор поглядел на меня поверх очков; он заметил, вероятно, что-нибудь необыкновенное в моей физиономии, потому что живо схватил меня за руку и устремил на меня вопросительный взгляд, не имея силы говорить. Однако вопрос никогда ещё не был выражен так ясно.

Я утвердительно кивнул головой.

Он соболезнующе покачал головою, словно имел дело с сумасшедшим.

Я кивнул ещё более выразительно.

Глаза его заблестели, поднялась угрожающе рука.

Этот немой разговор при таких обстоятельствах заинтересовал бы самого апатичного человека. И действительно, я не решался сказать ни одного слова, боясь, чтобы дядя не задушил меня от радости в своих объятиях. Но отвечать становилось, однако, необходимым.

– Да, это ключ... случайно...

– Что ты говоришь? – вскричал он в неописуемом волнении.

– Вот он! – сказал я, подавая ему листок бумаги, исписанный мною. – Читайте.

– Но это не имеет смысла! – возразил он, комкая бумагу.

– Не имеет, если начинать читать с начала, но если начать с конца...

Я не успел кончить ещё фразы, как профессор крикнул, вернее, взревел! Словно откровение снизошло на него; он совершенно преобразился.

– Ах, хитроумный Сакнуссем! – воскликнул он. – Так ты, значит, написал сначала фразу наоборот?

И, схватив бумагу, с помутившимся взором, он прочитал дрожащим голосом весь документ от последней до первой буквы.

Документ гласил следующее:

«In Sneffels Yoculis craterem kem delibat umbra Scartaris Julii intra calendas descende, audas viator, et terrestre centrum attinges. Kod feci. – Arne Saknussemm».

В переводе это означало:

«Спустись в кратер Ёкуль Снайфедльс, который тень Скартариса ласкает перед июльскими календами[1], отважный странник, и ты достигнешь центра Земли. Это я совершил, – Арне Сакнуссем».

Когда дядя прочитал эти строки, он подскочил, словно дотронулся нечаянно до лейденской банки[2]. Преисполненный радости, уверенности и отваги, он был великолепен. Он ходил взад и вперёд, хватался руками за голову, передвигал стулья, складывал одну за другой свои книги; он играл, – кто бы мог этому поверить, – как мячиками, двумя драгоценными камнями; он то ударял по ним кулаком, то похлопывал по ним рукой. Наконец его нервы успокоились, и он опустился, утомлённый, в кресло.

– Который час, однако? – спросил он немного погодя.

– Три часа, – ответил я.

– Ну, скоро же пришло время обеда. Я умираю с голоду. К столу! А потом...

– Потом?..

– Ты уложишь мой чемодан.

– Хорошо! – воскликнул я.

– И свой тоже, – добавил безжалостный профессор, входя в столовую.

ГЛАВА ШЕСТАЯ

При этих словах дрожь пробежала у меня по всему телу; однако я овладел собой. Я решил даже и виду не подавать. Только научные доводы смогут удержать профессора Лиденброка. А против такого путешествия говорили весьма серьёзные доводы. Отправиться к центру Земли! Какое безу-

[1] Календы – так римляне называли первые дни каждого месяца.

[2] Лейденская банка – первое в истории простейшее устройство для накопления статического электричества. Первоначально это был электрический конденсатор, созданный в 1745 году в г. Лейдене (Голландия).

мие! Я приберегал свои возражения до более благоприятного момента и приготовился обедать.

Нет надобности описывать, как разгневался мой дядюшка, когда увидел, что стол не накрыт! Но тут же всё объяснилось. Марта получила снова свободу. Она поспешила на рынок и так быстро всё приготовила, что через час мой голод был утолён, и я опять ясно представил себе положение вещей.

Во время обеда дядюшка был почти весел; он сыпал шутками, которые у учёных всегда безобидны. После десерта он сделал мне знак последовать за ним в кабинет.

Я повиновался. Он сел у одного конца стола, я – у другого.

– Аксель, – сказал он довольно мягким голосом, – ты весьма разумный юноша; ты оказал мне сегодня большую услугу, когда я, утомлённый борьбой, хотел уже отказаться от своих изысканий. Куда ещё завели бы меня попытки решить задачу? Совершенно неизвестно! Я этого никогда тебе не забуду, и ты приобщишься к славе, которую мы заслужим.

«Ну, – подумал я, – он в хорошем настроении; как раз подходящая минута поговорить об этой самой славе».

– Прежде всего, – продолжал дядя, – я убедительно прошу тебя сохранять полнейшую тайну. Ты понимаешь, конечно? В мире учёных сколько угодно завистников, и многие захотели бы предпринять путешествие, о котором они должны узнать лишь после нашего возвращения.

– Неужели вы думаете, что таких смельчаков много?

– Несомненно! Кто стал бы долго раздумывать, чтобы приобрести такую славу? Если бы этот документ оказался известен, целая армия геологов поспешила бы по следам Арне Сакнуссема!

– Вот в этом-то я вовсе не убеждён, дядя, ведь достоверность этого документа ничем не доказана.

– Как! А книга, в которой мы его нашли?

– Хорошо! Я согласен, что Сакнуссем написал эти строки, но разве из этого следует, что он действительно предпринял это путешествие, и разве старый документ не может быть мистификацией?

Я почти раскаивался, что произнёс это несколько резкое слово. Профессор нахмурил брови, и я боялся, что наш разговор примет плохой оборот. К счастью, этого не случилось. Мой строгий собеседник, изобразив на своей физиономии некое подобие улыбки, ответил:

— Это мы проверим.

— Ах, — сказал я, несколько озадаченный, — позвольте мне высказать всё, что можно сказать по поводу документа.

— Говори, мой мальчик, не стесняйся. Я даю тебе полную свободу высказать своё мнение. Ты теперь уже не только племянник мой, а коллега. Итак, продолжай.

— Хорошо, я вас спрошу прежде всего, что такое эти Ёкуль, Снайфедльс и Скартарис, о которых я никогда ничего не слыхал?

— Очень просто. Я как раз недавно получил от своего друга Августа Петермана из Лейпцига карту; кстати, она у нас под рукой. Возьми третий атлас из второго отделения большого библиотечного шкафа, ряд Z, полка четыре.

Я встал и, следуя этим точным указаниям, быстро нашёл требуемый атлас. Дядя раскрыл его и сказал:

— Вот одна из лучших карт Исландии, карта Гендерсона, и я думаю, что при помощи её мы разрешим все затруднения.

Я склонился над картой.

— Взгляни на этот остров вулканического происхождения, — сказал профессор, — и обрати внимание на то, что все эти вулканы носят название Ёкуль. Это слово означает на исландском языке «глетчер», ибо горные вершины при высокой широте расположения Исландии в большинстве случаев покрыты вечными снегами и во время вулканических извержений лава неминуемо пробивается сквозь ледяной покров. Поэтому-то огнедышащие горы острова и носят название: Ёкуль.

— Хорошо, — возразил я, — но что такое Снайфедльс?

Я надеялся, что он не сможет ответить на этот вопрос. Как я заблуждался! Дядя продолжал:

— Следуй за мной по западному берегу Исландии. Смотри! Вот главный город Рейкьявик! Видишь? Отлично. Поднимись по бесчисленным фьордам этих изрезанных морских берегов и остановись несколько ниже шестидесяти пяти градусов широты. Что ты видишь там?

— Нечто вроде полуострова, похожего на обглоданную кость.

– Сравнение правильное, мой мальчик; теперь, разве ты ничего не замечаешь на этом полуострове?

– Да, вижу гору, которая кажется выросшей из моря.

– Хорошо! Это и есть Снайфедльс.

– Снайфедльс?

– Он самый; гора высотою в пять тысяч футов, одна из самых замечательных на острове и, несомненно, одна из самых знаменитых во всём мире, ведь её кратер образует ход к центру земного шара!

– Но это невозможно! – воскликнул я, пожимая плечами и протестуя против такого предположения.

– Невозможно? – ответил профессор Лиденброк сурово. – Почему это?

– Потому что этот кратер, очевидно, переполнен лавой, скалы раскалены, и затем...

– А что, если это потухший вулкан?

– Потухший?

– Да. Число действующих вулканов на поверхности Земли достигает в наше время приблизительно трёхсот, но число потухших вулканов значительно больше. К последним принадлежит Снайфедльс; за весь исторический период у него было только одно извержение, именно в тысяча двести девятнадцатом году; с тех пор он постепенно погас и не принадлежит уже к числу действующих вулканов.

На эти точные данные я решительно ничего не мог возразить, а потому перешёл к другим неясным пунктам, заключавшимся в документе.

– Но что такое Скартарис? – спросил я. – И при чём тут июльские календы?

Дядюшка призадумался. На минуту у меня появилась надежда, но только на минуту, потому что скоро он ответил мне такими словами:

– То, что ты называешь тёмным, для меня вполне ясно. Все эти данные доказывают лишь, с какой точностью Сакнуссем хотел описать своё открытие. Ёкуль-Снайфедльс состоит из нескольких кратеров, и потому было необходимо указать именно тот, который ведёт к центру Земли. Что же сделал учёный-исландец? Он заметил, что перед наступлением июльских календ, иначе говоря, в конце июня, одна из горных вершин, Скартарис, отбрасывает тень до самого жерла вышеназванного кратера, и этот факт он отметил в документе. Это настолько точное указание, что, достигнув вершины Снайфедльс, не приходится сомневаться, какой путь избрать.

Положительно, мой дядя находил ответ на всё. Я понял, что он был неуязвим, поскольку дело касалось текста древнего пергамента; поэтому я перестал надоедать ему вопросами на эту тему, а поскольку мне прежде всего хотелось убедить дядюшку, то я перешёл к научным возражениям, по-моему, гораздо более существенным.

– Хорошо! – сказал я. – Должен согласиться, что фраза Сакнуссема ясна и смысл её не подлежит никакому сомнению. Я допускаю даже, что документ представляет собою несомненный подлинник. Этот учёный спустился в жерло Снайфедльса, видел, как тень Скартариса перед наступлением июльских календ скользит по краям кратера; он даже узнал из легендарных рассказов своего времени, что этот кратер ведёт к центру Земли; но чтобы он сам туда проник, чтобы он, совершив это путешествие, снова вернулся оттуда, этому я не верю! Нет, тысячу раз нет!

– А на каком основании? – спросил дядя необыкновенно насмешливо.

– На основании научных теорий, которые показывают, что подобное изыскание невыполнимо!

– Теории, говоришь, показывают это? – спросил профессор с добродушным видом. – Да, жалкие теории! И эти теории нас смущают?

Я видел, что он смеётся надо мною, но тем не менее продолжал:

– Да, вполне доказано, что температура в недрах Земли поднимается, по мере углубления, через каждые семьдесят футов приблизительно на один градус; поэтому, если допустить, что это повышение температуры неизменно, то, принимая во внимание, что радиус Земли равен полутора тысячам лье, температура в центральных областях Земли должна превышать двести тысяч градусов, следовательно, все вещества в недрах Земли должны находиться в огненно-жидком и газообразном состоянии, так как металлы, золото, платина, самые твёрдые камни не выдерживают такой температуры. Поэтому я вправе спросить, возможно ли проникнуть в такую среду?

– Стало быть, Аксель, тебя пугает температура?

– Конечно. Достаточно нам спуститься лишь на десять лье и достичь крайней границы земной коры, как уже там температура превышает тысячу триста градусов.

– И ты боишься расплавиться?

— Предоставляю вам решение этого вопроса, — ответил я с досадой.

— Так я выскажу тебе категорически своё мнение, — сказал профессор Лиденброк с самым важным видом. — Ни ты, никто другой не знает достоверно, что происходит внутри земного шара, так как изучена едва только двенадцатитысячная часть его радиуса; поэтому научные теории о температурах больших глубин могут бесконечно дополняться и видоизменяться, и каждая теория постоянно опровергается новой. Ведь полагали же до Фурье[1], что температура межпланетных пространств неизменно понижается, а теперь известно, что минимальный предел температуры в мировом эфире колеблется между сорока и пятьюдесятью градусами ниже нуля. Почему не может быть того же самого с температурой внутри Земли? Почему бы ей не остановиться, достигнув наивысшего предела на известной глубине, вместо того чтобы подниматься до такой степени, что плавятся самые стойкие металлы?

Раз дядя перенёс вопрос в область гипотез, я не мог ничего возразить ему.

— А затем я тебе скажу, что истинные учёные, как, например, Пуассон[2] и другие, доказали, что если бы внутри земного шара жар доходил бы до двухсот тысяч градусов, то газ, образовавшийся от веществ, раскалённых до таких невероятных температур, взорвал бы земную кору, как под давлением пара взрывается котёл.

— Таково мнение Пуазона, дядя, и ничего больше.

— Согласен, но и другие выдающиеся геологи также полагают, что внутренность земного шара не состоит ни из газов, ни из воды, ни из более тяжёлых камней, чем известные нам, ибо в таком случае Земля имела бы вдвое меньший или же вдвое больший вес.

— О! Цифрами можно доказать всё что угодно!

— А разве факты не то же самое говорят, мой мальчик? Разве неизвестно, что число вулканов с первых же дней существования мира неизменно сокращается? И если существует центральный очаг огня, нельзя разве на основании этого заключить, что он делается всё слабее?

— Дядюшка, раз вы вступаете в область предположений, мне нечего возразить.

[1] Жан Батист Жозеф Фурье (1768–1830) — французский математик, член Парижской академии наук. Основной областью занятий Фурье была математическая физика.

[2] Симеон Дени Пуассон (1781–1840) — французский математик, механик и физик.

– И я должен сказать, что взгляды самых сведущих людей сходятся с моими. Помнишь ли ты, как меня посетил знаменитый английский химик Хемфри Дэви в тысяча восемьсот двадцать пятом году[1]?

– Нет, потому что я сам появился на свет девятнадцать лет спустя.

– Ну, так вот, Хемфри Дэви посетил меня проездом через Гамбург. Мы с ним долго беседовали и, между прочим, коснулись гипотезы огненно-жидкого состояния ядра Земли. Мы оба были согласны в том, что жидкое состояние земных недр немыслимо по причине, на которую наука никогда не находила ответа.

– А что же это за причина? – спросил я, несколько изумлённый.

– Весьма простая: расплавленная масса, подобно океану, была бы подвержена силе лунного притяжения, и, следовательно, два раза в день происходили бы внутри Земли приливы и отливы; под сильным давлением огненно-жидкой массы земная кора давала бы разломы и периодически возникали бы землетрясения!

– Но всё-таки несомненно, что оболочка земного шара была в огненно-жидком состоянии, и можно предполагать, что прежде всего остыли верхние слои земной коры, в то время как жар сосредоточился в больших глубинах.

– Заблуждение, – ответил дядя. – Земля стала раскалённой только благодаря горению её поверхности, но не наоборот. Её поверхность состояла из большого количества металлов вроде калия и натрия, которые имеют свойство воспламеняться при одном лишь соприкосновении с воздухом и водой; эти металлы воспламенились, когда атмосферные пары в виде дождя опустились на Землю; и постепенно, когда воды стали проникать внутрь через трещины, возникшие от разлома каменных масс земной коры, начались массовые пожары с взрывами и извержениями. Следствием этого были вулканические образования на земной поверхности, столь многочисленные в первое время существования мира.

– Однако весьма остроумная гипотеза! – воскликнул я невольно.

– И Хемфри Дэви объяснил мне это явление при помощи весьма простого опыта. Он изготовил металлический шар, главным образом из тех метал-

[1] Здесь Ж. Верн допустил неточность. Из первой главы мы видим, что действие в романе происходит в 1863 году, а возраст профессора Лиденброка – около 50 лет, в этом случае получается, что их встреча проходила в тот момент, когда Лиденброку было примерно 12 лет.

лов, о которых я только что говорил, как бы полное подобие нашей планеты; когда этот шар слегка обрызгивали водой, поверхность его вздувалась, окислялась и на ней появлялась небольшая выпуклость; на её вершине открывался кратер, происходило извержение, и шар до того раскалялся, что его нельзя было удержать в руке.

Сказать правду, доводы профессора начинали производить на меня впечатление; к тому же он приводил их со свойственной ему страстностью и энтузиазмом.

— Ты видишь, Аксель, — прибавил он, — вопрос о внутреннем состоянии Земли вызвал различные гипотезы среди геологов; нет ничего столь мало доказанного, как раскалённое состояние ядра земного шара; я отрицаю эту теорию, этого не может быть; впрочем, мы сами это увидим и, как Арне Сакнуссем, узнаем, какого мнения нам держаться в этом важном вопросе.

— Ну да, — ответил я, начиная разделять дядюшкин энтузиазм. — Ну да, увидим, если там вообще можно что-нибудь увидеть!

— Отчего же нет? Разве мы не можем рассчитывать на электрические явления, которые послужат для нас освещением? И даже атмосфера в глубинных областях Земли не может разве сделаться светящейся благодаря высокому давлению?

— Да, — сказал я, — да! В конце концов и это возможно.

— Это несомненно, — торжествующе ответил дядя, — но ни слова, слышишь? Ни слова обо всём этом, чтобы никому не пришла в голову мысль раньше нас открыть центр Земли.

ГЛАВА СЕДЬМАЯ

Так закончился этот памятный диспут. Беседа с дядюшкой привела меня в лихорадочное состояние. Я покинул кабинет совершенно ошеломлённый. Мне мало было воздуха на улицах Гамбурга, чтобы прийти в себя. Я поспешил к берегам Эльбы, к парому, который связывает город с железной дорогой.

Убедили ли меня дядюшкины доводы? Не поддавался ли я, скорее, его внушению? Неужели следует отнестись серьёзно к замыслу профессора Лиденброка отправиться к центру Земли? Что слышал я? Бредовые фантазии безумца или же умозаключения великого гения, основанные на научных данных? Где во всём этом кончалась истина и начиналось заблуждение?..

Я строил тысячи противоречивых гипотез, не будучи в состоянии остановиться ни на одной.

Всё же я должен был напомнить себе, что порою я соглашался, хотя мой энтузиазм и начинал уже ослабевать. Разве я не готов был уехать немедленно, чтобы не оставалось времени на размышления. Да, у меня хватило бы в тот момент мужества затянуть ремнями свой чемодан!

Однако я должен сознаться и в том, что часом позже это чрезмерное возбуждение уже улеглось, нервы успокоились и я снова поднялся из недр Земли на поверхность.

«Ведь это нелепость! – сказал я самому себе. – Ведь это лишено здравого смысла! Подобное предложение нельзя делать рассудительному молодому человеку. Всё это вздор. Я плохо спал и видел скверный сон».

Между тем я прошёл по берегу Эльбы вокруг города и, минуя порт, вышел на дорогу в Альтону. Точно предчувствие привело меня на этот путь, потому что я вскоре увидел мою милую Гретхен, которая возвращалась в Гамбург.

– Гретхен! – закричал я ей издали.

Девушка остановилась, по-видимому, несколько смущённая, что её окликнули на большой дороге. В одну минуту я очутился возле неё.

– Аксель! – сказала она с изумлением. – Ты вышел мне навстречу? Вот это мило!

Мой беспокойный и расстроенный вид не ускользнул от внимательных глаз Гретхен, стоило ей взглянуть на меня.

– Что с тобой? – сказала она, протягивая мне руку.

– Что со мною, Гретхен? – вскричал я.

И в трёх словах я рассказал прелестной фирландке о случившемся. Она помолчала немного. Билось ли её сердце одинаково с моим? Я не знаю, но её рука не задрожала в моей.

Мы молча прошли сотню шагов.

– Аксель, – сказала она, наконец.

– Что, милая Гретхен?

– Вот будет прекрасное путешествие!

Я так и подскочил при этих словах.

– Да, Аксель, путешествие, достойное племянника учёного. Мужчина должен отличиться в каком-нибудь великом предприятии.

– Как, Гретхен, ты не отговариваешь меня от подобного путешествия?

– Нет, дорогой Аксель, и я охотно сопровождала бы вас, если бы слабая девушка не была для вас только помехой.

– И ты говоришь это серьёзно?

– Серьёзно.

Ах, можно ли понять женщин, молодых девушек, словом, женское сердце! Если женщина не из робких, то уж её храбрость не имеет предела! Рассудок не играет у женщин никакой роли... Что я слышу? Девочка советует мне принять участие в путешествии! Её ничуть не пугает столь романтическое приключение. Она побуждает меня ехать с дядюшкой, хотя и любит меня...

Я был смущён и, откровенно говоря, пристыжен.

– Гретхен, – продолжал я, – посмотрим, будешь ли ты и завтра говорить то же самое.

– Завтра, милый Аксель, я скажу то же, что и сегодня.

Держась за руки, в глубоком молчании, мы продолжали свой путь. События дня привели меня в уныние.

«Впрочем, – думал я, – до июльских календ ещё далеко, и до тех пор ещё может случиться многое, что излечит дядюшку от его безумного желания предпринять путешествие в недра Земли».

Было уже совсем поздно, когда мы добрались до дома на Королевской улице. Я полагал, что в доме уже полная тишина, дядюшка, как обычно, в постели, а Марта занята уборкой в столовой.

Но я не принял во внимание нетерпеливый характер профессора. Он суетился, окружённый целой толпой носильщиков, которые сваливали в коридоре всевозможные свёртки и тюки; по всему дому раздавались его хозяйские окрики, старая служанка совсем потеряла голову.

— Ну, иди же, Аксель. Да поскорее, несчастный! — вскричал дядя, уже издали завидев меня. — Ведь твой чемодан ещё не уложен, бумаги мои ещё не приведены в порядок, ключ от моего саквояжа никак не найти и недостаёт моих гамаш...

От изумления я замер на месте. Голос отказывался мне служить. Я с трудом мог произнести несколько слов:

— Итак, мы уезжаем?

— Да, несчастный, а ты разгуливаешь, вместо того чтобы помогать!

— Мы уезжаем? — переспросил я слабым голосом.

— Да, послезавтра, на рассвете.

Я не мог больше слушать и убежал в свою комнатку.

Сомнений не было. Дядюшка вместо послеобеденного отдыха бегал по городу, закупая всё необходимое для путешествия. Аллея перед домом была завалена верёвочными лестницами, факелами, дорожными фляжками, кирками, мотыгами, палками с железными наконечниками, заступами, — чтобы тащить всё это, требовалось по меньшей мере человек десять.

Я провёл ужасную ночь. На следующий день, рано утром, меня кто-то назвал по имени. Я решил не открывать двери. Но как было устоять против столь нежного голоса, звавшего меня: «Милый Аксель!»

Я вышел из комнаты, думая, что мой расстроенный вид, бледное лицо, покрасневшие глаза произведут впечатление на Гретхен и она изменит своё отношение к поездке.

— Ну, дорогой Аксель, — сказала она, — я вижу, ты чувствуешь себя лучше и за ночь успокоился.

— Успокоился! — вскричал я.

Я подбежал к зеркалу. Ну, да! У меня был вовсе не такой скверный вид, как я предполагал. Трудно даже поверить!

— Аксель, — сказала мне Гретхен, — я долго беседовала с опекуном. Это смелый учёный, отважный человек, и ты не должен забывать, что его кровь течёт в твоих жилах. Он рассказал мне о своих планах, о своих чаяниях, как и почему он надеется достигнуть своей цели. Я не сомневаюсь, что он её достигнет. Ах, милый Аксель, как это прекрасно — так отдаваться науке! Какая слава ожидает профессора Лиденброка и его спутника! По возвращении ты станешь человеком, равным ему, получишь свободу говорить, действовать, словом — свободу...

Девушка, вся вспыхнув, не окончила фразы. Её слова меня снова ободрили; однако я всё ещё не хотел верить в наш отъезд. Я увлёк Гретхен в кабинет профессора.

– Дядюшка, – сказал я, – так значит решено, что мы уезжаем?

– Как! Ты ещё сомневаешься в этом?

– Нет, – ответил я, чтобы не противоречить ему. – Я только хотел спросить, нужно ли с этим так спешить?

– Время не терпит! Время бежит так быстро!

– Но ведь теперь только двадцать шестое мая, и до конца июня...

– Гм, неужели ты думаешь, невежда, что до Исландии так легко доехать? Если бы ты не убежал от меня, как сумасшедший, то я взял бы тебя с собою в Копенгагенское бюро, к «Лифендеру и компания». Там ты узнал бы, что пароход отходит из Копенгагена в Рейкьявик только раз в месяц, а именно двадцать второго числа.

– Ну?

– Что – ну? Если бы мы стали ждать до двадцать второго июня, то прибыли бы слишком поздно и не могли бы видеть, как тень Скартариса падает на кратер Снайфедльса. Поэтому мы должны как можно скорее ехать в Копенгаген, чтобы оттуда добраться до Исландии. Ступай и уложи свой чемодан!

На это ничего нельзя было возразить. Я вернулся в свою комнату. Гретхен последовала за мной и сама постаралась уложить в чемодан всё необходимое для путешествия. Она казалась спокойной, как будто дело шло о прогулке в Любек или на Гельголанд; её маленькие руки без лишней торопливости делали своё дело. Она беспечно болтала. Приводила мне самые разумные доводы в пользу нашего путешествия. Она оказывала на меня какое-то волшебное влияние, и я не мог на неё сердиться. Несколько раз я собирался вспылить, но она не обращала на это никакого внимания и с методическим спокойствием продолжала укладывать мои вещи.

Наконец последний ремешок чемодана был затянут, и я сошёл вниз.

В течение всего дня непрерывно приносили в дом разные инструменты, оружие, электрические аппараты. Марта совсем потеряла голову.

– Не сошёл ли барин с ума? – спросила она, обращаясь ко мне.

Я утвердительно кивнул головой.

– И он берёт вас с собой?

Утвердительный кивок.

— Куда же вы отправитесь? — спросила она.

Я указал пальцем в землю.

— В погреб? — воскликнула старая служанка.

— Нет, — сказал я, наконец, — ещё глубже!

Наступил вечер. Я совершенно не заметил, как прошло время.

— Завтра утром, — сказал дядя, — ровно в шесть часов мы уезжаем.

В десять часов я свалился, как мёртвый, в постель.

Ночью меня преследовали кошмары.

Мне снились зияющие бездны! Я сходил с ума. Я чувствовал, будто бы меня схватила сильная рука профессора, подняла и сбросила в пропасть! Я летел в бездну со всё увеличивающимся ускорением падающего тела. Моя жизнь обратилась в нескончаемое падение вниз.

В пять часов я проснулся, разбитый от усталости и возбуждения. Я спустился в столовую. Дядя сидел за столом и преспокойно завтракал. Я взглянул на него почти с ужасом. Но Гретхен тоже была здесь. Я не мог говорить. Я не мог есть.

В половине шестого на улице послышался стук колёс. Прибыла вместительная карета, в которой мы должны были отправиться на Альтонский вокзал. Карета скоро была доверху нагружена дядюшкиными тюками.

— А твой чемодан? — сказал он, обращаясь ко мне.

— Он готов, — ответил я, едва держась на ногах.

— Так снеси же его поскорее вниз, иначе мы из-за тебя прозеваем поезд!

Мне показалось невозможным бороться против своей судьбы. Я поднялся в свою комнату и, сбросив чемодан с лестницы, сам спустился вслед за ним.

В эту минуту дядя передавал Гретхен «бразды правления» домом. Моя очаровательная фирландка хранила свойственное ей спокойствие. Она обняла опекуна, но не могла удержать слёз, когда коснулась своими нежными губами моей щеки.

— Гретхен! — воскликнул я.

— Поезжай, милый Аксель, поезжай, — сказала она мне, — ты покидаешь невесту, но, возвратившись, встретишь жену.

Я заключил Гретхен в объятия, потом сел в карету. С порога дома Марта и молодая девушка посылали нам последнее прости. Затем лошади, подгоняемые кучером, понеслись галопом по Альтонской дороге.

ГЛАВА ВОСЬМАЯ

Из Альтоны, пригорода Гамбурга, железная дорога идёт в Киль, к берегам бельтских проливов. Минут через двадцать мы были уже в Голштинии[1].

В половине седьмого карета остановилась перед вокзалом; многочисленные дядюшкины тюки, его объёмистые дорожные принадлежности были выгружены, перенесены, взвешены, снабжены ярлычками, помещены в багажном вагоне, и в семь часов мы сидели друг против друга в купе вагона. Раздался свисток, локомотив тронулся. Мы поехали.

Покорился ли я неизбежному? Нет ещё! Но всё же свежий утренний воздух, дорожные впечатления, следующие одно за другим, несколько рассеяли мои тревоги.

Что касается профессора, мысль его, очевидно, опережала поезд, шедший слишком медленно для его нетерпеливого нрава. Мы были в купе одни, но не обменялись ни единым словом. Дядюшка внимательно осматривал свои карманы и дорожный мешок. Я отлично видел, что ничто из вещей, необходимых для выполнения его планов, не было забыто.

Между прочим он вёз тщательно сложенный лист бумаги с гербом датского консульства и подписью г-на Христиенсена, датского консула в Гамбурге, который был другом профессора. Имея столь солидные бумаги, нам нетрудно было получить в Копенгагене рекомендации к губернатору Исландии.

Я заметил также и знаменитый пергамент, бережно запрятанный в самое секретное отделение бумажника. Я проклял его от всего сердца и стал изучать местность, по которой мы ехали. Передо мной расстилались бесконечные, унылые, ничем не примечательные равнины, илистые, но довольно плодородные: местность, весьма удобная для железнодорожного строительства, так как ровная поверхность облегчает проведение железнодорожных путей.

[1] Голштиния (Гольштейн) — историческая область в Германии. Расположена в южной части земли Шлезвиг-Гольштейн. До 1945 года — одна из провинций федеральной земли Пруссии.

Но унылый ландшафт не успел мне наскучить, потому что не прошло и трёх часов с момента отъезда, как поезд прибыл в Киль. Вокзал находился в двух шагах от моря.

Наш багаж был сдан до Копенгагена, нам не понадобилось возиться с ним; однако профессор с тревогой следил, как его вещи переносили на пароход и сбрасывали в трюм.

Второпях дядюшка так хорошо рассчитал часы прибытия поезда и отплытия парохода, что нам пришлось потерять целый день. Пароход «Элеонора» отходил ночью. Девять часов ожидания отразились на расположении духа профессора. Взбешённый путешественник посылал к чёрту администрацию пароходной компании и железной дороги вместе с правительствами, допускающими подобные безобразия. Мне пришлось поддержать дядюшку, когда он потребовал от капитана «Элеоноры» объяснений по поводу неожиданной задержки. Дядюшка настаивал, чтобы немедленно развели пары, но капитан, разумеется, отказался нарушить расписание.

Вынужденные проторчать в Киле целый день, мы поневоле пошли бродить по покрытым зеленью берегам бухты, в глубине которой раскинулся городок; мы гуляли в окрестных рощах, придававших городу вид гнезда среди густых ветвей, любовались виллами с собственными купальнями. Так в прогулках и ссорах прошло время до десяти часов вечера.

Клубы дыма из труб «Элеоноры» поднимались в воздухе; палуба дрожала от толчков паровой машины; нам предоставили на пароходе две койки, помещавшиеся одна над другой в единственной каюте.

Пятнадцать минут одиннадцатого мы снялись с якоря, и пароход быстро пошёл по тёмным водам Большого Бельта.

Ночь стояла тёмная, дул свежий морской ветер, море было бурное; редкие огоньки на берегу прорезывали тьму; позднее, я не знаю, где именно, над морской зыбью ярко блеснул маяк; вот всё, что осталось в моей памяти от путешествия по морю.

В семь часов утра мы высадились в Корсёре, маленьком городке, расположенном на западном берегу Зеландии. Здесь мы пересели с парохода в вагон новой железной дороги, и наш путь пошёл по местности, столь же плоской, как и равнины Голштинии.

Через три часа мы должны были прибыть в столицу Дании. Дядя не сомкнул глаз всю ночь. Мне казалось, что от нетерпения он готов был подталкивать вагон ногами.

Наконец, он заметил, что за окном мелькнуло море.

– Зунд! – воскликнул он.

Налево от нас виднелось огромное здание, похожее на госпиталь.

– Больница для умалишённых, – сказал один из наших спутников.

«Отлично, – подумал я, – вот здесь нам и следовало кончить наши дни! И как ни велика больница, она всё же слишком мала, чтобы вместить всю степень безумия профессора Лиденброка!»

Наконец в десять часов утра мы сошли в Копенгагене; багаж был доставлен вместе с нами в отель «Феникс» в Бред-Хале. Переезд занял полчаса, так как вокзал находился за городом. Затем дядюшка, приведя в порядок свой туалет, вышел вместе со мной на улицу. Швейцар отеля говорил по-немецки и по-английски, но профессор, знавший много языков, обратился к нему на чистом датском языке, и швейцар на том же языке объяснил ему, где находится музей древностей Севера.

Хранителем в этом замечательном учреждении, где было собрано множество удивительных вещей, по которым можно было бы восстановить историю страны с её древними каменными орудиями, с её кубками и предметами украшения, был известный учёный профессор Томсон, друг гамбургского консула.

Дядюшка имел к нему солидное рекомендательное письмо. Вообще учёные довольно плохо принимают друг друга, но в данном случае этого не было. Профессор Томсон, обязательный человек, оказал радушный приём профессору Лиденброку и даже его племяннику. Едва ли нужно говорить, что дядюшка не открыл свою тайну милейшему хранителю музея. Официально целью нашего путешествия было посещение Исландии в качестве простых туристов.

Господин Томсон всецело предоставил себя в наше распоряжение, и мы с ним обошли все набережные в поисках отходящего судна.

Я надеялся, что наши попытки найти морской транспорт будут обречены на неудачу, но я ошибся. Небольшой датский парусный корвет «Валькирия» должен был отойти второго июня в Рейкьявик. Капитан, г-н Бьярне, находился на борту судна. Его будущий пассажир от радости крепко пожал ему руку. Бравый капитан был несколько изумлён подобной сердечностью. Для капитана плавание в Исландию было делом обыденным, а дядюшка готов был отдать за это чуть ли не полжизни. Достойный капитан, воспользовавшись дядюшкиным восторгом, содрал с нас за переезд двойную плату. Но нас это мало трогало.

Господин Бьярне, положив в карман внушительную сумму долларов, сказал:

— Будьте на борту во вторник, в семь часов утра.

Мы поблагодарили г-на Томсона за его хлопоты и вернулись в отель «Феникс».

— Всё идёт хорошо! Всё идёт очень хорошо! — повторял дядюшка. — Какая счастливая случайность, что мы попали на судно, готовое к отплытию! Теперь позавтракаем, а затем осмотрим город.

Мы отправились на Новую Королевскую площадь — площадь неправильной формы, где был выставлен караул возле двух безобидных пушек, никого не пугавших. Рядом, в доме № 5, находилась французская ресторация, которую держал повар по имени Винцент. За умеренную плату, по четыре марки с персоны, мы там сытно позавтракали.

После этого я, радуясь, как ребёнок, пошёл осматривать город; дядюшка безропотно следовал за мной; но он ничего не видел, ни королевского дворца, правда, ничем не знаменательного, ни красивого моста XVII столетия, перекинутого через канал перед самым музеем, ни огромного, с ужасающей живописью, надгробного памятника Торвальдсену, внутри которого хранятся произведения самого скульптора, ни очаровательного замка Розенберг, ни довольно красивого парка при нём, ни удивительного здания биржи в стиле Ренессанс, ни его башни, представляющей собою чудовищное сплетение хвостов четырёх бронзовых драконов, ни мельниц на крепостных укреплениях, широкие крылья которых вздуваются, подобно парусам корабля при морском ветре.

Какие превосходные прогулки могли бы совершать мы с моей прелестной Гретхен вдоль гавани, где двухпалубные корабли и фрегаты мирно дремлют; по зеленеющим берегам пролива, в тенистых кустарниках, скрывающих цитадель, пушки которой вытягивают свои длинные чёрные жерла среди ветвей бузины и ивы...

Но, увы, моя бедная Гретхен была далеко, и мог ли я надеяться увидеть её вновь?

Однако дядюшка совсем не замечал прелести этих мест; всё же он был поражён архитектурой известной колокольни на острове Амагер, образующем юго-восточную часть Копенгагена.

Но дядя приказал идти в другую сторону; мы сели на маленький пароходик, обслуживающий каналы, и через несколько минут причалили к набережной Адмиралтейства.

Пройдя по узким улицам, где каторжники, одетые в штаны, наполовину жёлтые, наполовину серые, работали под палками надзирателей, мы вышли к храму Спасителя. Этот храм не представляет собой ничего замечательного. Но внимание профессора привлекла его довольно высокая колокольня, вокруг шпица которой, обвиваясь спиралью, возносилась под самые небеса наружная лестница.

– Поднимемся, – сказал дядя.

– А головокружение? – возразил я.

– Тем более, нужно привыкать.

– Однако...

– Идём, говорю я тебе, нечего терять времени.

Пришлось повиноваться. Сторож, живший напротив церкви, дал нам ключ, и мы стали подниматься.

Дядя шёл впереди бодрым шагом. Я следовал за ним не без боязни, так как я был подвержен головокружению. Мне недоставало ни его ясной головы, ни крепости его нервов.

Пока мы находились во внутренних проходах, всё шло хорошо, но приблизительно на высоте ста пятидесяти ступеней воздух ударил мне в лицо: мы добрались до площадки колокольни; отсюда лестница шла уже под открытым небом, и единственной опорой были её лёгкие перила, а меж тем она становилась чем выше, тем более узкой и, казалось, вела в бесконечность.

– Я не могу идти! – вскричал я. – Не могу!

– Неужели ты такой трус? Шагай смелей! – ответил безжалостный профессор.

Пришлось поневоле следовать за ним, цепляясь за фалды его сюртука. На чистом воздухе у меня стала кружиться голова; я чувствовал, как колеблется при сильных порывах ветра колокольня; ноги отказывались мне служить; скоро я стал ползти на коленях, потом на животе; я закрыл глаза, мне сделалось дурно.

Наконец при помощи дяди, который схватил меня за шиворот, я добрался до самой вышки.

– Теперь взгляни вниз, – сказал дядя, – и вглядись хорошенько. Ты должен приучиться смотреть в бездонные глубины!

Я открыл глаза. Дома сквозь туманную пелену казались мне сдавленными, как бы расплющенными. Над моей головой неслись облака, но благодаря оптическому обману казалось, что облака не движутся, меж тем как колокольня, её купол и мы сами словно уносимся вдаль с бешеной быстротой. По одну сторону, вдалеке, виднелись зеленеющие поля, по другую – сверкающее в лучах солнца море. У мыса Эльсинор простирался Зунд, на горизонте белели паруса, а на востоке едва вырисовывались в тумане берега Швеции. Всё это кружилось у меня в глазах.

Несмотря на это, пришлось встать, выпрямиться и смотреть. Мой первый урок по головокружению длился целый час. Когда я, наконец, спустился вниз и коснулся ногами твёрдой мостовой, я был совершенно разбит.

– Завтра мы повторим урок, – сказал мой профессор.

И действительно, пять дней продолжалось это упражнение в головокружениях, и волей-неволей я делал заметные успехи в искусстве «смотреть сверху вниз».

Глава девятая

Настал день отъезда. Накануне услужливый г-н Томсон передал нам красноречивые рекомендательные письма к наместнику Исландии барону Трампе, к помощнику епископа г-ну Пиктурсону и к бургомистру Рейкьявика г-ну Финзену. Дядя в свою очередь поблагодарил его горячим рукопожатием.

Второго числа, в шесть часов утра, наш драгоценный багаж был уже на борту «Валькирии». Капитан провёл нас в довольно тесную каюту, нечто вроде рубки.

— Благоприятствует ли нам попутный ветер? — спросил дядя.

— Ветер отличный, — ответил капитан Бьярне, — юго-восточный. Мы выйдем из Зунда в открытое море на всех парусах.

Спустя короткое время наша трёхмачтовая шхуна отвалила от берега и на всех парусах вошла в пролив. Через час столица Дании уже рисовалась вдали как бы утопающей в волнах, и «Валькирия» шла вдоль берегов Эльсинора. Я был в столь приподнятом настроении, что ожидал увидеть тень Гамлета на террасе древнего замка.

«Благородный безумец! — сказал я себе. — Ты, несомненно, нас одобряешь! Быть может, ты будешь сопутствовать нам в нашем путешествии в недра земного шара в поисках ответа на вопрос, поставленный тобою: „Быть или не быть!“».

Но пустынны древние стены... Замок, впрочем, гораздо моложе доблестного датского принца. В наше время это великолепное здание служит жилищем для смотрителя при входе в Зунд, где ежегодно проходят пятнадцать тысяч судов всех национальностей.

Скоро замок Кронборг исчез в тумане, как и Хельсингборгская башня на шведском берегу, и шхуна немного накренилась под дуновением ветра с Каттегата.

«Валькирия» хорошо ходила под парусами, но на парусное судно никогда нельзя очень полагаться. Наше судно везло в Рейкьявик уголь, предметы домашней утвари, глиняную посуду, шерстяную одежду и груз зерна; весь экипаж составляли пять человек, все без исключения датчане.

— Сколько времени продлится переезд? — спросил дядюшка капитана.

— Около десяти дней, — ответил последний, — если только нам не помешает противный ветер с северо-запада у Фарерских островов.

— Но, надеюсь, вы не намного в этом случае запоздаете?

— Нет, господин Лиденброк, будьте спокойны, мы прибудем вовремя.

К вечеру шхуна обогнула мыс Скаген у северной оконечности Дании, затем ночью прошла по проливу Скагеррак, миновала близ мыса Линнеснес южную оконечность Норвегии и вышла в Северное море.

Два дня спустя мы увидели берега Шотландии у Питерхеда, и «Валькирия» пошла между Оркнейскими и Шетландскими островами к Фарерским островам.

Вскоре наша шхуна скользила уже по волнам Атлантического океана; ей пришлось лавировать против северного ветра, и с трудом достигла она Фарерских островов. 8-го числа капитан узнал Мюггенес, самый западный из этих островов, и с этого времени мы пошли прямо на мыс Портланд, находящийся на южном берегу Исландии.

Во время плавания не произошло ничего замечательного. Я переносил довольно легко морскую болезнь; дядя же, к своему крайнему сожалению и ещё к большему стыду, всё время был нездоров.

Он поэтому не мог расспросить капитана Бьярне ни о вулкане Снайфедльс, ни о способах сообщения и перевозки грузов. Ему пришлось, таким образом, отложить эти расспросы до своего приезда на место, а пока он проводил всё своё время, лёжа в каюте, перегородки которой трещали под ударами волн. Право, он отчасти заслуживал свою участь.

Одиннадцатого вдали показался мыс Портланд. Ясная погода дала нам возможность различить Мирдальс-Ёкуль. Мыс представляет собою голый и гладкий утёс, одиноко возвышающийся на берегу. «Валькирия» держалась на некотором расстоянии от берегов. Мы плыли, огибая мыс, в западном направлении среди стада акул и китов. Вскоре показалась скала с пробитой в ней брешью, через которую с бешеным рёвом врывались на сушу вспененные морские волны. Вестманнаэйярские островки вздымались на поверхности океана, точно скалы, рассыпанные рукой сеятеля. Дальше шхуна пошла открытым морем, чтобы обогнуть на надлежащем расстоянии мыс Рейкьянес, образующий западную оконечность Исландии.

Шторм на море помешал дядюшке взойти на палубу полюбоваться причудливо изрезанными берегами и подставить лицо под резкий юго-западный ветер.

Через сорок восемь часов, когда буря, заставившая убрать паруса на шхуне, утихла, на востоке показался буй близ оконечности Скагафлёс; в этом месте океан усеян подводными скалами, весьма опасными для мореходов. На судно прибыл исландский лоцман, и через три часа «Валькирия» бросила якорь у Рейкьявика в заливе Факсафлоуи.

Профессор вышел, наконец, из своей каюты, несколько побледневший, несколько разбитый, но всё же неизменно восторженный и явно удовлетворённый. Население города, заинтересованное прибытием судна с грузом, устремилось на набережную.

Дядюшка спешил покинуть свою плавучую тюрьму, вернее сказать, больницу. Но прежде чем сойти с палубы, он повёл меня на нос судна и указал на северной стороне бухты высокую гору с расщеплённой надвое вершиной, покрытой вечными снегами.

– Снайфедльс! – воскликнул он. – Снайфедльс!

Потом, сделав мне знак молчания, он сошёл в лодку; я последовал за ним, и вскоре мы вступили на землю Исландии.

Тотчас же навстречу нам вышел осанистый мужчина в генеральском мундире. Однако это был всего лишь чиновник, губернатор острова, барон Трампе собственной персоной. Профессор передал ему письма из Копенгагена, после чего между ними завязался беглый разговор на датском языке, в котором я, по весьма понятным причинам, не принимал никакого участия. Результатом этого разговора было то, что барон Трампе предоставил себя в полное распоряжение профессора Лиденброка.

Радушный приём был оказан дяде и бургомистром Финзеном, который, подобно губернатору, хотя и был облачён в военный мундир, отличался столь же миролюбивым характером.

Помощник епископа Пиктурсон находился в это время в поездке по приходу северного округа, и нам пришлось отказаться на время от знакомства с ним. Но преподаватель естественных наук в рейкьявикской школе г-н Фридриксон, чрезвычайно любезный человек, оказал нам весьма драгоценное содействие. Этот скромный учёный говорил только по-исландски и по-латыни; он предложил мне на языке Горация свои услуги, и мы легко с ним столковались. Действительно, он оказался единственным человеком, с которым я мог беседовать во время моего пребывания в Исландии.

Из трёх комнат, составлявших квартиру этого превосходного человека, в наше распоряжение были предоставлены две комнаты, в которых мы и расположились со всем нашим багажом, количество коего несколько удивило жителей Рейкьявика.

– Ну-с, Аксель, – сказал дядюшка, – дела идут хорошо, главная трудность уже преодолена.

— Как главная трудность? — воскликнул я.

— Разумеется, нам остаётся только спуститься!

— Если таково ваше отношение к делу, вы правы; но мне кажется, что, сумев спуститься, нам надо суметь и подняться?

— О, это меня нисколько не беспокоит! Ну, ладно! Нечего терять время. Я отправлюсь сейчас в библиотеку. Может быть, там найдётся какой-нибудь манускрипт Сакнуссема, которым я с большим удовольствием воспользовался бы для справок.

— А я тем временем осмотрю город. Разве вы не присоединитесь ко мне?

— Город очень мало интересует меня. Достопримечательности Исландии не на поверхности Земли, а в её недрах.

Я вышел из дому и пошёл наугад.

Заблудиться на двух улицах Рейкьявика было бы трудно. Поэтому мне не пришлось спрашивать пути, что при разговоре жестами ведёт вечно к недоразумениям.

Город раскинулся вдоль низкой и довольно болотистой лощины. С одной стороны он ограждён хаотическими наслоениями застывшей лавы, отлогими уступами постепенно нисходящими к морю. С другой — простирается обширный, ограниченный на севере большим глетчером Снайфедльса, залив Факсафлоуи, в котором в ту пору «Валькирия» была единственным судном, стоявшим на якоре. Обычно на рейде стоят во множестве английские и французские рыбачьи суда, но в то время они находились на восточном берегу острова.

Одна из двух улиц Рейкьявика — более длинная — идёт параллельно берегу; тут живут мелкие торговцы и купцы в скромных деревянных домиках, возведённых из выкрашенных, горизонтально положенных балок; другая улица расположена западнее и упирается в небольшое озеро; тут стоят дома епископа и лиц, непричастных к торговле.

Я быстрыми шагами прошёл по этим унылым, мрачным улицам; лишь изредка мой взгляд привлекал газон с чахлой травой, похожий на старый потёртый ковёр или на некое подобие огорода, где произрастает тощий латук, картофель и капуста в таком жалком количестве, что этих овощей хватило бы разве для стола лилипутов; несколько хилых левкоев тянулись к солнцу.

Приблизительно в самом центре второй, не торговой улицы, я набрёл на обширное кладбище, обнесённое земляным валом. Пройдя несколько

шагов, я увидел губернаторский дом, походивший на лачугу в сравнении с Гамбургской ратушей, но казавшийся дворцом после домиков исландских горожан.

Между озером и городом возвышалась церковь в духе лютеранских кирок, построенная из камня, выброшенного во время извержений из жерла вулканов; при сильном западном ветре церковная крыша из красной черепицы грозила рассыпаться на части к великому огорчению прихожан.

На ближнем холме я увидел Национальную школу, где, как я узнал позже от нашего хозяина, обучали еврейскому, английскому, французскому и датскому языкам; из всех этих четырёх языков я ни на одном, к стыду своему, не знал ни слова. Я был бы самым последним из сорока учеников этого небольшого колледжа и недостоин переночевать вместе с ними в их каморках с двумя отделениями, где более слабым грозила опасность задохнуться в первую же ночь.

В течение трёх часов я осмотрел не только город, но и его окрестности. В общем крайне печальное зрелище. Ни деревца, ни растительности. Повсюду голые рёбра вулканических скал. Хижины исландцев сооружены из земли и торфа, с наклонёнными вовнутрь стенами. Они похожи на крыши, лежащие прямо на земле. Причём крыши эти представляют собой сравнительно тучные луга. Благодаря теплу, идущему из очагов, трава на кровле растёт довольно хорошо, и её добросовестно скашивают во время сенокоса, иначе домашние животные паслись бы прямо на этих доморощенных пастбищах.

Во время прогулки мне почти никто не встретился на пути. Возвращаясь домой по торговой улице, я увидел, что большая часть жителей занята вялением, солением и погрузкой трески, составляющей главный предмет вывоза. Мужчины были крепкого сложения, но несколько неуклюжи; исландцы принадлежат к скандинавской ветви германской расы, они белокурые, с задумчивыми глазами; они чувствуют себя здесь как бы вне человеческого общества, добровольными изгнанниками в этой стране льдов, созданной для эскимосов, обречённых самой природой жить на границе полярного круга. Я тщетно старался подметить улыбку на их лице; они улыбались порою в силу непроизвольного сокращения лицевых мускулов, но они никогда по-настоящему не смеялись.

Одежда их состояла из куртки, сшитой из грубой чёрной шерсти, известной в скандинавских странах под названием «vadmel», из широкополой шляпы, штанов с красной оборкой и куска кожи, сложенного наподобие обуви.

Женщины с грустными и довольно приятными, но невыразительными лицами носили корсаж и юбку из тёмной vadmel; девушки заплетали волосы в косу и надевали на голову коричневый вязаный чепчик; замужние повязывали голову цветным платком, сверх которого надевался род кокошника из белого полотна.

Возвратившись после интересной прогулки в дом г-на Фридриксона, я застал моего дядюшку в обществе нашего хозяина.

Глава десятая

Обед был готов; профессор Лиденброк поглощал его с большим аппетитом, ибо желудок его, после вынужденного поста на судне, превратился в бездонную пропасть. Обед был скорее датский, чем исландский, и сам по себе не представлял ничего замечательного, но наш хозяин, более исландец, чем датчанин, напомнил мне о древнем гостеприимстве: гость был первым лицом в доме.

Разговор вёлся на местном языке, к которому дядя примешивал немецкие слова, а г-н Фридриксон — латинские, чтобы и я мог их понять. Беседа касалась научных вопросов, как и подобает учёным; но профессор Лиденброк был крайне сдержан и почти ежеминутно приказывал мне взглядом хранить безусловное молчание о наших планах.

Прежде всего г-н Фридриксон осведомился у дяди о результате его поисков в библиотеке.

— Ваша библиотека, — заметил последний, — состоит лишь из разрозненных сочинений, полки почти пусты.

— Да! — возразил г-н Фридриксон. — Но у нас восемь тысяч томов, и в том числе много ценных и редких трудов на древнескандинавском языке, а также все новинки, которыми ежегодно снабжает нас Копенгаген.

— Где же эти восемь тысяч томов? На мой взгляд...

— О! господин Лиденброк, они расходятся по всей стране. На нашем старом ледяном острове любят читать! Нет ни одного фермера, ни одного рыбака, который не умел бы читать и не читал бы. Мы думаем, что книги, вместо того чтобы плесневеть за железной решёткой, вдали от любознательных глаз, должны приносить пользу, быть постоянно на виду у читателя. Поэтому-то книги у нас переходят из рук в руки, читаются и перечитываются, и зачастую книга год или два не возвращается на своё место.

— Однако, — ответил дядя с некоторой досадой, — а как же иностранцы...

— Что вы хотите! У иностранцев на родине есть свои библиотеки, а ведь для нас главное, чтобы наши крестьяне развивались. Повторяю, склонность к учению лежит в крови исландца. Поэтому в тысяча восемьсот шестнадцатом году мы основали Литературное общество, которое теперь процветает. Иностранные учёные почитают за честь принадлежать к нему; оно издаёт книги, предназначенные для воспитания и образования наших соотечественников, и приносит существенную пользу стране. Если вы, господин Лиденброк, пожелаете быть одним из наших членов-корреспондентов, вы этим доставите нам большое удовольствие.

Дядюшка, состоявший уже членом сотни научных обществ, благосклонно изъявил согласие, чем вполне удовлетворил г-на Фридриксона.

— А теперь, — продолжал последний, — будьте так любезны, назовите книги, которые вы надеялись найти в нашей библиотеке, и я смогу, может быть, доставить вам сведения о них.

Я взглянул на дядю. Он медлил с ответом. Это непосредственно касалось его планов. Однако, после некоторого размышления, он решился говорить.

— Господин Фридриксон, — сказал он, — я желал бы знать, нет ли у вас среди древних книг также и сочинений Арне Сакнуссема?

— Арне Сакнуссема? — ответил рейкьявикский преподаватель. — Вы говорите об учёном шестнадцатого столетия, о великом естествоиспытателе, великом алхимике и путешественнике?

— Именно о нём!

— О гордости исландской науки и литературы?

— Совершенно справедливо.

— О всемирно известном человеке?

– Совершенно согласен с вами.

– Отвага которого равнялась его гению?

– Я вижу, что вы его хорошо знаете.

Дядюшка слушал с восторгом лестные отзывы о своём герое. Он не спускал глаз с г-на Фридриксона.

– Отлично! – сказал дядя. – А его сочинения?

– Сочинений у нас нет.

– Как? В Исландии их нет?

– Их нет ни в Исландии, ни где-либо в другом месте.

– Почему?

– Потому, что Арне Сакнуссем был гоним как еретик, и его сочинения были сожжены в тысяча пятьсот семьдесят третьем году в Копенгагене рукой палача.

– Превосходно! – воскликнул дядя к большому негодованию преподавателя естественных наук.

– Что?.. – переспросил последний.

– Да! Всё объясняется, приходит в связь, становится ясным, и я понимаю теперь, почему Сакнуссему, после того как его сочинения подверглись преследованию и он был принуждён скрывать свои гениальные открытия, свою тайну, в зашифрованном виде...

– Какую тайну? – живо спросил Фридриксон.

– Тайну... которая... – отвечал дядя заикаясь.

– У вас, может быть, есть какой-нибудь особенный документ?

– Нет... Это только моё предположение.

– Хорошо, – ответил г-н Фридриксон, который был столь любезен, что не стал настаивать, заметив смущение дяди. – Надеюсь, – продолжал он, – что вы не покинете наш остров, не изучив его минералогических богатств?

– Несомненно, – ответил дядя, – но я несколько запоздал; другие учёные, конечно, уже побывали здесь.

– Да, господин Лиденброк; работы Олафсена и Повельсена, произведённые по королевскому поручению, исследования Тройля, научная экспедиция Гаймара и Роберта на борту французского корвета «Поиски»[1] и недав-

[1] Корвет «Поиски» был отправлен в 1835 году адмиралом Дюперрэ для розыска экспедиции де Блоссевиля на судне «Лилианка», пропавшем без вести.

ние наблюдения учёных, находившихся на фрегате «Королева Гортензия», много содействовали изучению Исландии. Но, поверьте мне, на вашу долю осталось немало.

— Вы думаете? — спросил добродушно дядя, стараясь скрыть блеск своих глаз.

— О да! Сколько ещё остаётся исследовать гор, ледников, вулканов, почти совсем неизученных! Посмотрите, чтобы не ходить далеко за примером, на эту гору, возвышающуюся на горизонте. Это Снайфедльс.

— Так-с! — сказал дядя. — Снайфедльс.

— Да, один из самых замечательных вулканов, кратер которого редко посещается.

— Он потух?

— О да! Пятьсот лет тому назад.

— Ну, так вот, — ответил дядя, судорожно закидывая ногу на ногу, чтобы не подпрыгнуть, — я думаю начать свои геологические исследования с этого Сеффель... Фессель... как вы сказали?

— Снайфедльс, — ответил милейший г-н Фридриксон.

Эта часть разговора происходила на латинском языке; я понял всё и едва мог сохранять серьёзное выражение лица, глядя на дядюшку, старавшегося скрыть свою радость, бившую через край; строя из себя невинного младенца, он становился похож на старого чёрта.

— Да, — продолжал он, — ваши слова определяют мой выбор! Мы попытаемся взобраться на этот Снайфедльс и, быть может, даже исследовать его кратер!

— Я очень сожалею, — ответил г-н Фридриксон, — что мои занятия не дозволяют мне отлучиться; я с удовольствием и с пользой сопровождал бы вас туда.

— О нет, нет! — живо возразил дядя. — Мы не хотели бы никого беспокоить, господин Фридриксон; от души благодарю вас. Участие такого учёного, как вы, было бы весьма полезно, но обязанности вашей профессии...

Я склонен думать, что наш хозяин в невинности своей исландской души не понял тонких хитростей моего дядюшки.

— Я вполне одобряю, господин Лиденброк, что вы начнёте с этого вулкана, — сказал он. — Вы соберёте там обильную жатву замечательных наблюдений. Но скажите, как вы думаете пробраться на Снайфедльский полуостров?

— Морем, через залив. Путь самый короткий.

— Конечно, но это невозможно.

— Почему?

— Потому что в Рейкьявике вы не найдёте сейчас ни одной лодки.

— Ах, чёрт!

— Вам придётся отправиться сухим путём, вдоль берега. Это, правда, большой крюк, но дорога интересная.

— Хорошо. Я постараюсь достать проводника.

— Я могу вам как раз предложить подходящего.

— А это надёжный, сообразительный человек?

— Да, житель полуострова. Он весьма искусный охотник за гагарами; вы будете им довольны. Он свободно говорит по-датски.

— А когда я могу его увидеть?

— Завтра, если хотите.

— Почему же не сегодня?

— Потому что он будет здесь только завтра.

— Итак, завтра, — ответил дядя, вздыхая.

Вскоре после этого многозначительный разговор закончился, и немецкий профессор горячо поблагодарил исландского. Во время обеда дядюшка получил важные сведения, узнал историю Сакнуссема, понял причину вынужденной таинственности его документа, а также заручился обещанием получить в своё распоряжение проводника.

ГЛАВА ОДИННАДЦАТАЯ

Вечером я совершил короткую прогулку по берегу моря около Рейкьявика, пораньше вернулся домой, лёг в постель и заснул глубоким сном. Проснувшись утром, я услыхал, что дядя оживлённо с кем-то беседует в соседней комнате. Я тотчас встал и поспешил пойти к нему.

Он говорил по-датски с незнакомцем высокого роста, крепкого сложения. Парень, видимо, обладал большой физической силой. На его грубой и простодушной физиономии выделялись умные глаза. Глаза были голубые, взгляд задумчивый. Длинные волосы, которые даже в Англии сочли бы за рыжие, падали на атлетические плечи. Хотя движения его были гибки, руки его оставались в покое: разговор при помощи жестикуляции был ему незнаком. Всё в нём обличало человека уравновешенного, спокойного, но отнюдь не апатичного. Чувствовалось, что он ни от кого не зависит, работает по собственному усмотрению и что ничто в этом мире не способно поколебать его философского отношения к жизни.

Я разгадал его характер по той манере, с какою исландец воспринимал бурный поток слов своего собеседника. Скрестив руки, не шевелясь, он слушал профессора, который беспрерывно жестикулировал; желая дать отрицательный ответ, он поворачивал голову слева направо, а в случае согласия лишь слегка наклонял её, не опасаясь спутать своих длинных волос. Экономию в движениях он доводил до скупости.

При взгляде на незнакомца я, конечно, не угадал бы в нём охотника; он, несомненно, не вспугивал дичи, но как же он мог к ней приблизиться?

Всё стало мне понятно, когда я узнал от г-на Фридриксона, что этот спокойный человек всего только охотник за гагарами. Действительно, для добывания перьев гагары, именуемых гагачьим пухом, который представляет собою главное богатство острова, не требуется большой затраты движений.

В первые летние дни самка гагары — род красивой утки — вьёт своё гнездо среди скал фьордов, которыми изрезан весь остров, а затем устилает его тонким пухом, выщипанным из своего же брюшка. Вслед за тем появляется охотник, или, вернее, торговец пухом, уносит гнездо, а самка начинает сызнова свою работу. Хлопоты птицы продолжаются до тех пор, пока у неё хватает пуха. Когда же она оказывается совершенно ощипанной, наступает очередь самца. Однако его грубое оперение не имеет никакой цены в торговле, и поэтому охотник уже не трогает гнезда, в которое самка вскоре кладёт яйца и где она выводит птенцов. На следующий год сбор гагачьего пуха возобновляется тем же способом.

И так как гагара выбирает для своего гнезда не крутые, а легко доступные и отлогие скалы, спускающиеся в море, исландский охотник за гагарами может заниматься промыслом без большого труда. Он является своего рода фермером, которому не надо ни сеять, ни жать, а только собирать жатву.

Этого серьёзного, флегматичного и молчаливого человека звали Ганс Бьелке; он явился по рекомендации г-на Фридриксона. То был наш будущий проводник. Своими манерами он резко отличался от дядюшки, что не помешало им легко столковаться и быстро сойтись в цене: один был готов взять то, что ему предложат, другой – дать столько, сколько у него потребуют. Никогда сделка не совершалась проще и легче.

Итак, Ганс обязался провести нас до деревни Стапи, находящейся на южном берегу полуострова Снайфедльснес, у самой подошвы вулкана. До деревни было что-то около двадцати двух миль пути, которые дядюшка рассчитывал пройти в два дня.

Но когда он узнал, что речь идёт о датских милях, в двадцать четыре тысячи футов каждая, пришлось отказаться от своей мысли и, считаясь с неудовлетворительным состоянием дорог, примириться с переходом в семь или восемь дней.

Пришлось достать четырёх лошадей – двух верховых, для дяди и для меня, и двух для нашего багажа. Ганс, по привычке, отправлялся пешком. Он превосходно знал эту местность и обещал избрать кратчайший путь.

С нашим прибытием в Стапи его служебные обязанности не кончались; он должен был сопровождать нас и дальше, во всё время нашего научного путешествия, за вознаграждение в три рейхсталера. Однако было оговорено, что эта сумма уплачивается нашему проводнику раз в неделю, в субботу вечером.

Отъезд был назначен на 16 июня. Дядюшка хотел дать задаток охотнику до пешего хождения, но он отказался взять деньги вперёд.

– Efter, – сказал он.

– После, – перевёл мне профессор.

Когда договор был заключён, Ганс удалился.

– Превосходный человек! – воскликнул дядя. – Но он и не подозревает, какую роль ему предстоит играть.

– Стало быть, он будет сопровождать нас до...

– Да, Аксель, до самого центра Земли.

До отъезда оставалось ещё двое суток. К моему большому огорчению, их пришлось употребить на сборы. Все силы нашего ума были направлены к тому, чтобы разместить вещи как можно удобнее: приборы в одно место, оружие в другое, инструменты – в этот тюк, съестные припасы – в тот. В общем получились четыре группы предметов. В числе приборов находились:

1) Стоградусный термометр Эйгля со шкалой в 150 градусов, что, по-моему, или слишком много, или недостаточно. Слишком много, если окружающая температура поднимется столь высоко, потому что мы тогда всё равно изжаримся. Недостаточно, если дело идёт об измерении температуры подземных источников или любой расплавленной материи.

2) Манометр для измерения атмосферного давления, который мог указывать давление, превышающее давление атмосферы на уровне океана. Действительно, обыкновенный барометр не годился бы для этого, потому что атмосферное давление должно было возрастать по мере нашего спуска под поверхность Земли.

3) Женевский хронометр Буассона-младшего, выверенный по гамбургскому времени.

4) Два компаса для определения склонения и наклонения.

5) Ночная подзорная труба.

6) Два аппарата Румкорфа, которые представляют собой надёжный и портативный электрический светильник, безопасный и занимающий мало места.

Оружие состояло из двух карабинов системы «Пердли Мор и Ко» и двух револьверов Кольта. Но к чему оружие? Мне казалось, что нам нечего было бояться ни дикарей, ни хищных зверей. Но дядюшка, по-видимому, дорожил своим арсеналом не менее чем приборами, в особенности порядочным запасом пироксилина, не подверженного влиянию сырости и разрушительная сила которого гораздо значительнее, чем сила обыкновенного пороха.

Инструменты состояли из двух мотыг, двух кирок, верёвочной шёлковой лестницы, трёх железных палок, топора, молотка, дюжины железных клиньев, винтов и длинных верёвок с узлами. Всё это составляло солидный тюк, так как одна только лестница была в триста футов длиной.

Наконец, были ещё и съестные припасы: небольшой, но утешительный мешок содержал шестимесячный запас концентрированного мяса и сухарей; можжевеловая водка была единственным напитком, а воды совершенно не было, но у нас имелись тыквенные фляжки, и дядя рассчитывал наполнять их из источников. Возражения, которые я приводил относительно состава этих последних, температуры и даже их существования, были оставлены без внимания.

Чтобы дать полный список наших дорожных вещей, я упомяну ещё о дорожной аптечке, содержавшей тупоносые ножницы, лубки на случай переломов, кусок тесьмы из грубой ткани, бинты и компрессы, пластырь, таз для кровопускания — одним словом, страшные вещи; множество пузырьков с декстрином, спиртом для промывания ран, свинцовой примочкой, эфиром, уксусом и нашатырём, — лекарства малоуспокоительного свойства; и, наконец, вещества, необходимые для аппаратов Румкорфа.

Дядюшка не забыл также табак, порох и трут, а равным образом и кожаный пояс, который он носил вокруг бёдер, с достаточным запасом золотых, серебряных и бумажных денег. Среди прочих вещей находились также шесть пар крепких башмаков, непромокаемых благодаря прекрасной, прочной резиновой подошве.

— С таким снаряжением и запасами, — сказал дядя, — нам нечего бояться далёкого путешествия.

Весь день 14 июня был употреблён на то, чтобы тщательно уложить все эти предметы. Вечером мы ужинали у барона Трампе, в обществе бургомистра Рейкьявика и доктора Хуальталина, главного врача страны. Г-на Фридриксона не было среди гостей; впоследствии я узнал, что он находился в натянутых отношениях с губернатором из-за какого-то административного вопроса и поэтому они не бывали друг у друга. Таким образом, я был лишён возможности понять хоть одно слово из того, что говорилось на этом полуофициальном ужине. Я заметил только, что дядюшка говорил не умолкая.

На следующий день, 15 июня, приготовления были закончены. Наш хозяин доставил профессору большое удовольствие, вручив ему карту Исландии, несравненно более полную, чем карта Гендерсона, а именно карту, составленную Олафом Никола Ольсеном, в масштабе 1:480 000, и изданную исландским Литературным обществом на основании геодезических работ Шееля Фризака и топографических съёмок Бьерна Гумлаугсона[1]. Для минералога это был драгоценный документ.

Последний вечер был проведён в дружеской беседе с г-ном Фридриксоном, к которому я чувствовал живейшую симпатию; за этой беседой последовал довольно беспокойный сон, по крайней мере для меня.

В пять часов утра меня разбудило ржание целой четвёрки лошадей, бивших копытами о землю под моим окном. Я проворно оделся и вышел на улицу. Ганс был тут и молча, с необыкновенной ловкостью навьючивал на лошадей наш багаж. Дядюшка больше шумел, чем помогал в этой работе, и проводник, по-видимому, обращал мало внимания на его указания.

К шести часам всё было готово. Г-н Фридриксон пожал нам руки. Дядюшка на исландском языке сердечно поблагодарил его за радушное гостеприимство. Я же произнёс по-латыни, как только мог лучше, искреннее приветствие; потом мы сели на лошадей, и г-н Фридриксон крикнул нам вслед, на прощание, стих Вергилия:

«Et quacumque viam dederit fortuna sequamur!»[2]

ГЛАВА ДВЕНАДЦАТАЯ

Когда мы выехали, небо было пасмурно, но барометр стоял без перемен. Поэтому не приходилось опасаться ни утомительной жары, ни бедственного дождя. Погода для туриста!

Удовольствие от прогулки верхом во многом помогало мне примириться с рискованным предприятием. Я был наверху блаженства, наслаждался своей свободой и уже начинал не так мрачно смотреть на вещи.

[1] Бьорн Гуннлаугссон (1788–1876) — исландский картограф и математик.

[2] «Смело двинемся в путь, куда поведёт нас фортуна!» (*лат.*)

«В самом деле, — рассуждал я, — чем я рискую? Нам предстоит путешествие по замечательной стране, подъём на знаменитую гору, в худшем случае — спуск в её потухший кратер! Очевидно, что Сакнуссем ничего иного не совершил. А что касается подземного хода, который вёл к центру Земли, — это сущая фантазия! Полнейшая бессмыслица! Итак, воспользуемся приятной стороной экспедиции, не думая об остальном».

Пока я так размышлял, мы выехали из Рейкьявика.

Ганс шёл впереди быстрым, размеренным, спокойным шагом; за ним следовали две лошади с нашим багажом, которых не приходилось подгонять. Вслед за ними ехали мы с дядюшкой, и, право, наши фигуры на низкорослых, но сильных лошадках представляли собою недурное зрелище.

Исландия — один из крупнейших островов Европы. При поверхности в тысячу четыреста квадратных миль[1] она насчитывает только шестьдесят тысяч жителей. Географы делят её на четыре части; и нам предстояло пересечь ту её часть, которая носит название «Страны юго-западных ветров»: «Sud-vestr Fjordungr».

По выходе из Рейкьявика Ганс взял направление вдоль морского берега. Мы ехали среди безлюдных тощих пастбищ с чахлой, скорее жёлтой, нежели зелёной травой. Холмистые вершины трахитовых[2] гор на востоке были подёрнуты туманной дымкой; то тут, то там виднелись на склонах дальних гор снежные поляны, слепящие глаз при рассеянном свете туманного утра. То тут, то там смело вздымались ввысь горные шпили, прорезая насквозь свинцовые тучи и вновь возникая над этими плавучими массами пара.

Часто эти цепи голых скал заполняли равнину, преграждая путь к морю, но и тогда оставалось ещё достаточно места для проезда. Впрочем, наши лошади инстинктивно выбирали более удобные места, не замедляя притом шага. Дядюшке так и не пришлось ни разу подогнать свою лошадь окриком или хлыстом: у него не было повода выказывать своё нетерпение. Я не мог удержаться от улыбки, глядя на него: он был слишком велик для своей лошадки, его длинные ноги почти волочились по земле, и он походил на какого-то шестиногого кентавра.

1 По современным данным, площадь Исландии равна 103 125 км^2.

2 Т р а х и т — горная порода вулканического происхождения.

— Славная скотинка, славная скотинка! — говорил он. — Ты увидишь, Аксель, что нет животного умнее исландской лошади. Ничто её не останавливает: ни снега, ни бури, ни плохие дороги, ни скалы, ни ледники; она смела, осторожна, надёжна; никогда не оступится, никогда не заупрямится. Если понадобится перейти реку или фьорд, она бросится, не колеблясь, в воду, точно какая-нибудь амфибия, и достигнет другого берега! Но не будем её подгонять, предоставим её самой себе, и мы пройдём в среднем по десяти лье в день.

— Мы, пожалуй, — отвечал я, — а проводник?

— О нём-то я не беспокоюсь! Эти люди шагают, сами того не замечая. Наш проводник ступает так автоматически, что ничуть не устанет. Впрочем, если потребуется, я уступлю ему свою лошадь; меня скоро схватят судороги, если я совсем перестану двигаться. Руки действуют хорошо, но надо подумать и о ногах.

Между тем мы быстро шли к цели. Местность стала уже несколько более пустынной. Изредка встречалась уединённая ферма, какой-нибудь boër[1], построенный из дерева, земли, кусков лавы, — словно нищий у края дороги! Эти ветхие хижины точно взывали к жалости прохожих, и, верно, брало искушение подать им милостыню. В этой стране совсем нет дорог, даже тропинок, и как бы ни жалка была растительность, всё же она скоро заглушала следы редких путешественников.

И, однако, эта часть провинции, находящаяся совсем рядом со столицей, принадлежала к населённым и обработанным местностям Исландии. Что же после этого представляли собой местности, ещё более пустынные, чем эта пустыня? Мы прошли уже полмили и не видели ни одного фермера в дверях его хижины, ни одного пастуха, пасущего стадо, не менее дикое, чем он сам; только несколько коров и баранов, предоставленных самим себе, попались нам на глаза. Что же должны были являть собою местности, подверженные вулканическим извержениям и землетрясениям?

Нам предстояло познакомиться с ними позже; но, глядя на карту Ольсена, я узнал, что их можно миновать, если держаться извилистого морского берега. И действительно, плутоническая деятельность ограничивалась преимущественно внутренней частью острова; там именно находятся те горизонтально наваленные друг на друга скалы, называемые по-скандинавски

[1] Жилище исландского крестьянина.

траппами и состоящие из покровов трахита, базальта, вулканических туфов, потоков лавы и расплавленного порфира, которые придают острову его сверхъестественный, страшный вид. Я не подозревал ещё тогда, какое зрелище ожидает нас на Снайфедльском полуострове, где эти опустошения бушующей природы создают зловещий хаос.

Через два часа после отъезда из Рейкьявика мы достигли местечка Гуфун, называемого «Aoalkirkja», или «Главная церковь». Там нет ничего примечательного. Всего несколько домов. В Германии эти городские здания едва составили бы деревушку.

Тут Ганс сделал получасовую остановку; он разделил с нами наш скромный завтрак, отвечал «да» и «нет» на дядюшкины расспросы о состоянии дороги, а когда его спросили, где он намерен переночевать:

– Гардар, – сказал он коротко.

Я посмотрел на карту, чтобы узнать, где находится этот Гардар, и нашёл на берегу Хваль-фьорда, в четырёх милях от Рейкьявика, маленькое селение, носящее это название. Когда я указал на это дядюшке, он сказал:

– Только четыре мили! Четыре мили из двадцати двух! Всего только порядочная прогулка.

Он сделал какое-то замечание проводнику, но тот, не ответив ему, вновь двинулся в путь, шествуя впереди своих лошадей.

Три часа спустя, проезжая по-прежнему среди тех же пастбищ с выгоревшей травой, мы обогнули Коллафьорд; окольный путь был более короток и лёгок, чем переправа через залив. Мы прибыли в «pingstaoer», местечко Эюльберг, резиденцию окружного суда, когда на колокольне пробило бы двенадцать, если бы вообще исландские церкви имели достаточно средств для того, чтобы купить башенные часы. Впрочем, прихожане тоже не носят часов, потому что не имеют их.

Здесь лошади были накормлены; дальше мы проехали по узкой прибрежной дороге, между цепью холмов и морем, без остановки до Брантарской «Главной церкви» и ещё на милю дальше, до Заурбоёрской «Annexia», заштатной церкви, находящейся на южном берегу Хваль-фьорда.

Было четыре часа. Мы прошли всего четыре мили.

В этом месте ширина фьорда была по крайней мере в полмили; морские волны разбивались с шумом о крутые, остроконечные скалы: залив лежал среди отвесных скалистых стен, поднимавшихся на высоту трёх тысяч футов и примечательных тем, что слои бурого камня перемежались с красноватыми пластами туфа. Как ни смышлёны были наши лошади, я ничего хорошего не ожидал в том случае, если бы мы попытались переправиться через этот пролив на спинах четвероногих.

– Если они умны, – сказал я, – они и не будут пытаться переправиться. Во всяком случае, я попробую быть благоразумнее их.

Но дядюшка не желал ждать. Он пришпорил лошадку и поскакал к берегу. Животное, почуяв близость воды, остановилось; но дядюшка, полагаясь на собственный инстинкт, стал ещё решительнее понукать коня. Лошадка тряхнула головой и снова отказалась идти. Дядя начал сыпать проклятиями и бить лошадь плетью, но лошадка только лягалась, намереваясь, по-видимому, сбросить своего всадника. Наконец она подогнула ноги и проскользнула между длинными ногами профессора, поэтому он остался стоять на двух обломках скалы, подобно Колоссу Родосскому.

– Ах ты проклятое животное! – вскричал всадник, неожиданно оказавшийся на земле и сконфуженный, как кавалерийский офицер, вынужденный перейти в пехоту.

– Färja[1], – сказал проводник, тронув его за плечо.

– Как, паром?

– Der[2], – ответил Ганс, указывая на плот.

– Конечно! – воскликнул я. – Вон там паром!

– Надо было об этом раньше сказать! Ну ладно, в путь!

– Tidvatten, – продолжал проводник.

– Что он говорит?

– Он говорит – прилив, – отвечал дядя, переводя мне датское слово.

– Во всяком случае, нам придётся дождаться прилива.

– Farbida?[3] – спросил дядя.

– Ja[4], – отвечал Ганс.

Дядюшка топнул ногой, но лошади уже подходили к парому. Мне было вполне понятно, что, для того чтобы переправиться через фьорд, необхо-

1 На пароме (*датск.*).

2 Там (*датск.*).

3 Долго? (*датск.*)

4 Да (*датск.*).

димо выждать момент, пока вода дойдёт до наибольшей высоты и не будет уже ни подниматься, ни опускаться, потому что тогда нет течения ни в том, ни в другом направлении и паром не подвергается опасности быть унесённым или вглубь залива, или в открытый океан.

Этот благоприятный момент наступил лишь в шесть часов вечера. Мой дядюшка, я сам, наш проводник, два паромщика и четыре лошади поместились на довольно утлой плоской барке. Я привык к паровым паромам на Эльбе, поэтому вёсла лодочников казались мне жалким орудием. Нам понадобилось больше часа, чтобы переправиться через фьорд, но, наконец, мы всё-таки благополучно переправились.

Через полчаса мы прибыли в «Aoalkirkja» Гардара.

ГЛАВА ТРИНАДЦАТАЯ

Настал час, когда должно было бы стемнеть, но под шестьдесят пятым градусом широты светлые ночи не могли меня удивить, в июне и июле солнце в Исландии не заходит.

Однако температура понизилась. Я озяб и ещё больше проголодался. И как же я обрадовался, когда нашёлся «boër», где нас приветливо приняли.

То был крестьянский дом, но радушие его обитателей не уступало гостеприимству короля. Когда мы подъехали, хозяин подал нам руку и предложил без дальнейших церемоний следовать за ним.

Буквально следовать, ибо идти рядом с ним было невозможно. Длинный, узкий, тёмный проход вёл в жилище, построенное из плохо обтёсанных брёвен, и из него попадали прямо в комнаты; их было четыре: кухня, ткацкая, спальня семьи и комната для гостей, самая лучшая из всех. При постройке дома не подумали о росте моего дядюшки, и он несколько раз стукнулся головой о потолок.

Нас ввели в большую комнату, некое подобие залы, с утоптанным земляным полом и одним окном, в которое вместо стёкол был вставлен тусклый бараний пузырь. Постель состояла из жёсткой соломы, брошенной между двумя деревянными перегородками, выкрашенными в красный цвет и расписанными исландскими поговорками. Такого комфорта я не ожидал; но по всему дому распространялся терпкий запах сушёной рыбы, солёного мяса и кислого молока, не доставлявший моему обонянию особенного удовольствия.

Когда мы сняли наши дорожные доспехи, хозяин дома пригласил нас пройти в кухню, единственное даже в большие холода помещение, где топили печь.

Дядюшка поспешил последовать любезному приглашению. Я присоединился к нему.

Кухонный очаг был устроен по-первобытному: посреди комнаты лежал камень, игравший роль очага, а в крыше над ним было сделано отверстие, заменявшее дымовую трубу. Эта кухня служила также и столовой.

При нашем появлении хозяин приветствовал нас, как будто он нас раньше не видел, словами «saellvertu», что означает «будьте счастливы», и облобызал нас в обе щеки.

Вслед за ним жена его произнесла те же самые слова, с той же церемонией; затем, приложив правую руку к сердцу, они отдали нам глубокий поклон.

Спешу сказать, что исландка была матерью девятнадцати детей, которые все, от мала до велика, копошились среди дыма и чада, поднимавшегося с очага и наполнявшего комнату. Ежеминутно то одна, то другая белокурая мечтательная головка выступала из этого облака. Этих ребят можно было принять за группу неумытых ангелов.

Мы обошлись очень ласково с этим «выводком», и вскоре трое или четверо из этих мартышек забрались к нам на плечи, столько же на наши колени, остальные путались между наших ног. Те, которые могли говорить, повторяли «saellvertu» на всевозможные лады, те, что не умели говорить, кричали ещё больше.

Концерт был прерван приглашением обедать. В эту минуту вошёл наш проводник, который позаботился о том, чтобы накормить лошадей, говоря попросту, разнуздал их и ради экономии пустил пастись в поле; бедные животные должны были довольствоваться скудным мхом, растущим на скалах, и тощими приморскими травами, а на следующее утро вернуться восвояси и опять подставить свою спину под седло.

— Saellvertu! — сказал Ганс, входя.

Затем последовала та же спокойная, автоматическая, — один поцелуй был не жарче другого, — сцена приветствия со стороны хозяина, хозяйки и девятнадцати малышей.

Когда церемония закончилась, сели за стол, ровным счётом двадцать четыре человека, и, следовательно, друг на друге в буквальном смысле этого слова. У кого на коленях примостилось двое ребят, тот ещё хорошо отделался!

Впрочем, при появлении на столе супа весь этот народец затих, воцарилась тишина, непривычная для исландских мальчишек. Хозяин подал нам довольно вкусный суп из знаменитого исландского мха, затем изрядную порцию сушёной рыбы в масле, которое прогоркло лет двадцать назад и, следовательно, по исландским понятиям, было гораздо лучше свежего. К этому подавали «skyr», что-то вроде простокваши с сухарями и подливкой из можжевеловых ягод. Наконец, какой-то напиток из сыворотки, разбавленной водой, так называемая «blanda». Хороша ли была эта неведомая пища или нет, я не могу судить. Я проголодался и вместо сладкого проглотил до последней крупинки крутую гречневую кашу.

После обеда детишки разбежались; взрослые сели вокруг очага, в котором горел торф, хворост, коровий помёт и кости сушёных рыб. Потом, обогревшись таким образом, все разошлись по своим комнатам. Хозяйка, согласно обычаю, хотела снять с нас чулки и штаны, но, получив вежливый отказ, не настаивала, и я мог, наконец, прикорнуть на своём соломенном ложе.

На следующее утро, в пять часов, мы распростились с исландским крестьянином; дядюшка с трудом уговорил его принять приличное вознаграждение, и затем Ганс дал сигнал к отъезду.

Шагах в ста от Гардара характер местности начал меняться: почва становилась болотистой и менее удобной для езды. Направо тянулась до бесконечности цепь гор, точно возведённый самой природой ряд грозных крепостей; часто встречались потоки, которые приходилось переходить вброд, однако не очень подмочив багаж.

Окрестность делалась всё пустыннее. Порою, впрочем, казалось, что вдали мелькает человеческая фигура. И когда на поворотах дороги мы внезапно оказывались лицом к лицу с одним из этих призраков, меня невольно охватывало отвращение при виде вспухшей головы без волос, с лоснящейся кожей, в отвратительных ранах, которые проступали под жалкими лохмотьями.

Несчастное создание не протягивало руку для приветствия, напротив, оно убегало так быстро, что Ганс не успевал крикнуть ему своего обычного «saellvertu».

– Spetelsk, – говорил он.

– Прокажённый, – повторял дядюшка.

Уже одно это слово вызывало чувство отвращения. Эта ужасная болезнь весьма распространена в Исландии; она незаразительна, но передаётся по наследству, почему этим несчастным воспрещён брак.

Эти призраки были не такого свойства, чтобы оживить печальный ландшафт. Последние травы увядали у нас под ногами: не было видно ни одного деревца, кроме зарослей карликовых берёз, ни единого животного, кроме нескольких лошадей, которые бродили по унылым равнинам, так как хозяева не могли их прокормить. Порою парил в серых тучах сокол, холодный ветер гнал птицу на юг. Я заражался грустью этой дикой природы, и воспоминания уносили меня в родные края.

Вскоре нам пришлось снова переправляться через несколько небольших фьордов и, наконец, через настоящий залив; на море как раз был штиль, и мы поэтому могли продолжать путь, не мешкая, и вскоре добрались до деревушки Альфтанес, расположенной на расстоянии мили оттуда.

Перейдя вброд две речки, Алфа и Хета, кишевшие форелями и щуками, мы провели ночь в покинутом, ветхом домишке, достойном служить обиталищем всех озорных кобольдов[1] скандинавской мифологии; во всяком случае, злобный дух холода чувствовал себя здесь, как дома, и он терзал нас в течение всей ночи.

Следующий день не принёс нам новых впечатлений. Всё та же болотистая почва, то же однообразие, тот же печальный пейзаж. К вечеру мы прошли половину пути и переночевали в «annexia» Крезольбт.

Девятнадцатого июня на протяжении приблизительно одной мили мы шли по голым полям лавы – «hraun» по-местному. Лавовые поля, образовавшиеся из трещинных излияний, напоминали какие-то склады якорных канатов, то вытянутых в длину, то скатанных в рулон. Лава, излившись из разломов земной коры, растекалась, подобно потоку, по склонам гор и, за-

[1] К о б о л ь д – добродушный домовой в мифологии Северной Европы. Однако в ответ на пренебрежение мог устроить в доме хаос и беспорядок.

стывая, всё же свидетельствовала о бурных извержениях ныне потухших вулканов. Однако местами сквозь лавовый покров пробивались пары горячих подземных источников. Вскоре под ногами наших лошадей снова оказалась болотистая топь, чередовавшаяся с мелкими озёрами. Наш путь лежал на запад; и когда мы обогнули большой залив Факсафлоуи, раздвоенная снежная вершина Снайфедльса вздымалась всего в каких-нибудь пяти милях от нас. Лошади шли хорошим шагом, невзирая на плохую дорогу; что касается меня, то я начинал чувствовать себя сильно утомлённым, между тем дядюшка прямо держался в седле, как и в первый день; я не мог не удивляться ему, равно как и нашему охотнику, который смотрел на это путешествие как на простую прогулку.

В субботу, двадцатого июня, в шесть часов вечера мы прибыли в Будир, маленькое селение, расположенное на берегу моря, и тут проводник потребовал договорённую плату. Дядюшка рассчитался с ним. Семья нашего Ганса, короче говоря, его дяди и двоюродные братья, оказала нам гостеприимство; мы были приняты радушно, и я охотно отдохнул бы у этих славных людей после утомительного переезда, не боясь злоупотребить их добротой. Но дядюшка, не нуждавшийся в отдыхе, смотрел на дело иначе, и на следующее утро пришлось снова сесть в седло. Почва носила уже следы близости гор, скалистые отроги выступали из-под земли, точно корни старого дуба. Мы огибали подножие вулкана. Профессор не спускал глаз с его конусообразной вершины; он размахивал руками, словно бросая вулкану вызов и как бы восклицая: «Вот исполин, которого я одолею!»

Наконец, после четырёхчасовой езды, лошади сами остановились у ворот пасторского дома в Стапи.

ГЛАВА ЧЕТЫРНАДЦАТАЯ

Стапи, маленькое селение, состоящее приблизительно из тридцати хижин, стоит среди голого лавового поля, ничем не защищённое от палящих солнечных лучей, отражённых снежными вершинами вулкана.

Небольшой фьорд, у которого ютилось селение, окаймлён базальтовой стеной совершенно необычного вида.

Известно, что базальт принадлежит к тяжёлым горным породам вулканического происхождения. Исландский базальт ложится пластами с поражающим своеобразием. Природа поступает здесь, как геометр, и работает точно человек, вооружённый угломером, циркулем и отвесом. Если в каком-нибудь другом месте она показала своё искусство в создании хаотического нагромождения гранитных массивов и в необыкновенном сочетании линий, едва намеченных конических форм, незавершённых пирамид, то здесь она пожелала дать образчик правильности форм и, предвосхитив мастерство архитекторов первых веков, создала строгий образец, не превзойдённый ни великолепием Вавилона, ни чудесным искусством Греции.

Я слыхал раньше о «Плотине Гигантов» в Исландии и о Фингаловой пещере на одном из Гебридских островов, но до сих пор мне ещё не приходилось видеть базальтовых сооружений.

В Стапи я их увидел во всей их красе.

Стена вокруг фьорда, как и вдоль всего побережья полуострова, представляет собою ряд колонн в тридцать футов вышиной. Эти стройные, безупречных пропорций, колонны поддерживали орнамент верхней части пролёта арки, образующий собою ряд горизонтально расположенных колонн, которые в виде сквозного свода выступали над морем. Под этим естественным impluvium[1] глазу представлялись пролёты стрельчатых арок прелестного рисунка, через которые устремлялись на сушу вспененные волны. Обломки базальта, сброшенные разъярённым океаном, лежали на земле, точно развалины античного храма, — вечно юные руины, над которыми проходят века, не нарушая их величия.

Это был последний этап нашего путешествия. Ганс провёл нас так умело, что я немного успокоился при мысли, что он будет сопровождать нас и далее.

Когда мы подъехали к воротам пасторского дома, представлявшего собой низкую хижину, которая была не лучше, не удобнее соседних, я увидал человека в кожаном фартуке и с молотком в руке, занятого ковкой лошадей.

— Saellvertu, — сказал охотник.

[1] Водостоком (*лат.*).

— God dag[1], — ответил кузнец на чистом датском языке.

— Kyrkoherde, — сказал Ганс, обращаясь к дядюшке.

— Приходский священник, — повторил последний. — Аксель, ты слышишь, оказывается, этот бравый человек — пастор.

Между тем проводник объяснил «kyrkoherde», в чём дело, и тот, прервав работу, издал крик, бывший, вероятно, в ходу у торговцев лошадьми. Тотчас же из домика вышла великанша, настоящая мегера. Если ей не хватало роста до шести футов, то дело было за малым.

Я боялся, что она одарит путешественников исландским поцелуем, но напрасно: она не очень-то приветливо ввела нас в дом!

Комната для гостей показалась мне самой плохой во всём пасторском доме — узкой, грязной и зловонной; но пришлось довольствоваться и ею. Пастор, по-видимому, вовсе не признавал старинного гостеприимства. Далеко не признавал! Уже к вечеру я понял, что мы имеем дело с кузнецом, рыбаком, охотником, плотником, но никак не с духовной особой. Правда, день был будний; возможно, что в воскресенье наш хозяин становился пастором.

Я не хочу порочить священников, которые, судя по всему, находятся в очень стеснённом положении; они получают от датского правительства крайне ничтожное содержание и пользуются четвёртой частью церковного десятинного сбора, получаемого с прихода, что не составляет даже шестидесяти марок; поэтому они вынуждены работать для пропитания. Но если приходится быть и охотником, и рыбаком, и кузнецом, то естественно усвоить и нравы и образ жизни охотника, рыбака, словом, людей физического труда; вечером я заметил, что нашему хозяину была незнакома и добродетель трезвости...

Дядя увидел сейчас же, с какого сорта человеком он имеет дело; вместо достойного учёного он встретил грубого невежду. Тем скорее решил он покинуть негостеприимного пастора и пуститься в путь.

Несмотря на усталость, дядюшка предпочёл провести несколько дней в горах.

Итак, на следующий же день после нашего прибытия в Стапи начались приготовления к отъезду. Ганс нанял трёх исландцев, которые должны

[1] Здравствуйте (*датск.*).

были нести вместо лошадей наш багаж; но было решено, что, как только мы доберёмся до кратера, наши провожатые будут отпущены.

По сему случаю дядюшка сообщил Гансу, что он намерен продолжить исследование вулкана до последних пределов.

Ганс только кивнул головой; ему было всё равно, куда идти: вперёд или назад, оставаться на поверхности Земли или спускаться в её недра. Что касается меня, то, поглощённый путевыми впечатлениями, я забыл о будущем, зато теперь мысль о предстоящих опасностях тем сильнее овладела мною. Что же делать? Если сопротивление фантазиям Лиденброка и было возможно, то надо было попытаться оказать его в Гамбурге, а не у подножия Снайфедльса.

Больше всего меня терзала ужасная мысль, могущая потрясти даже самые нечувствительные нервы.

«Мы поднимемся, — рассуждал я, — на Снайфедльс. Хорошо! Мы спустимся в его кратер. Отлично! Другие тоже проделывали это и не погибали. Но ведь тем дело не кончится! Если откроется путь в недра Земли, если злосчастный Сакнуссем сказал правду, мы погибнем в подземных ходах вулкана. Ведь мы ещё не знаем наверное, что Снайфедльс потух, что нам не угрожает извержение! А что тогда будет с нами?»

Стоило подумать над этим, и я думал. Стоило мне заснуть, как начинались кошмары: мне снились извержения! А играть роль шлака казалось мне чересчур скверной шуткой.

Наконец я не выдержал: я решился поговорить с дядей на эту тему, высказав своё мнение как можно искуснее, в виде гипотезы, совершенно нелепой.

Я подошёл к дядюшке и изложил ему свои опасения в самой дипломатической форме, причём, из предосторожности, несколько отступил назад.

— Я сам думал уже об этом, — ответил он просто.

Что это значит? Неужели он внял голосу разума?

После небольшой паузы дядя продолжал:

— Я думал об этом; со времени нашего приезда в Стапи я думал над этим вопросом, ибо безрассудная смелость нам не к лицу. Вот уже пятьсот лет, как Снайфедльс безмолвствует, но всё-таки он может заговорить. Извержениям, однако, всегда предшествуют совершенно определённые явления. Я расспросил жителей этой местности, исследовал почву и могу тебе сказать, Аксель, что извержения ждать не приходится.

Я был поражён этим утверждением и ничего не мог возразить.

— Ты сомневаешься? — сказал дядя. — Ну так иди за мной!

Я машинально повиновался. Мы покинули пасторский домик, и профессор избрал дорогу, которая через проём в базальтовой стене шла в сторону от моря. Вскоре мы очутились в открытом поле, если только можно так назвать огромное скопление выбросов вулканических извержений. Вся эта местность казалась расплющенной под ливнем гигантских камней, вулканического пепла, базальта, гранита и пироксеновых пород.

Я видел: там и тут из трещин в вулканическом грунте подымается пар; этот белый пар, по-исландски «reykir», исходит из горячих подземных источников; он выбрасывается с такой силой, которая говорит о вулканической деятельности почвы. Казалось, это подтверждало мои опасения. Каково же было моё изумление, когда дядюшка сказал:

— Ты видишь эти пары, Аксель? Они доказывают, что нам нечего бояться извержений.

— Как же так? — вскричал я.

— Заметь хорошенько, — продолжал профессор, — что перед извержением деятельность водяных паров усиливается, а потом, на всё время извержения, пары совершенно исчезают. Поэтому, если эти пары остаются в своём обычном состоянии, если их деятельность не усиливается, если ветер и дождь не сменяются тяжёлым и неподвижным состоянием атмосферы, — ты можешь с уверенностью утверждать, что в скором времени никакого извержения не будет.

— Но...

— Довольно! Когда изрекает свой приговор наука, остаётся только молчать.

Повесив нос, вернулся я в пасторский домик. Научные доводы дядюшки заставили меня умолкнуть. Однако оставалась ещё надежда, что, когда мы дойдём до дна кратера, там не окажется хода внутрь Земли, и таким образом будет невозможно проникнуть дальше, несмотря на всех Сакнуссемов на свете.

Следующую ночь я провёл в кошмарах; мне снилось, что я нахожусь внутри вулкана, в недрах Земли; я чувствовал, будто я, точно обломок скалы, с силой выброшен в воздух.

На следующее утро, двадцать третьего июня, Ганс ожидал нас со своими товарищами, которые несли съестные припасы, инструменты и приборы. Две палки с железными наконечниками, два ружья и два патронташа были приготовлены для дяди и меня. Ганс предусмотрительно прибавил к нашему багажу кожаный мех, наполненный водой, что вдобавок к нашим фляжкам обеспечивало нас водою на восемь дней.

Было девять часов утра. Пастор и его мегера ожидали нас у ворот: надо думать, для того, чтобы сказать путешественникам последнее прости. Но это «прости» неожиданно вылилось в форму чудовищного счёта, согласно которому даже зачумлённый воздух подлежал оплате. Достойная чета общипала нас не хуже, чем это делают в отелях Швейцарии, и дорого оценила своё гостеприимство.

Дядюшка заплатил, не торгуясь. Пустившись в путешествие к центру Земли, не приходилось думать о каких-то лишних рейхсталерах.

Когда с расчётами было покончено, Ганс дал сигнал к выступлению, и через несколько минут мы покинули Стапи.

ГЛАВА ПЯТНАДЦАТАЯ

Высота Снайфедльса равняется пяти тысячам футов. Вулкан замыкает своим двойным конусом трахитовую цепь, обособленную от горной системы острова. С того места, откуда мы отправились, нельзя было видеть на сером фоне неба силуэты двух остроконечных вершин. Я только заметил, что огромная снежная шапка нахлобучена на чело гиганта.

Мы шли гуськом, предшествуемые охотником за гагарами; наш проводник вёл нас по узким тропинкам, по которым два человека не могли идти рядом. Дорога была трудная, и мы вынуждены были шагать молча.

За базальтовой стеной фьорда Стапи начались торфяные болота, образовавшиеся из древних отложений растительного мира полуострова; такого горючего полезного ископаемого, как торф, хватило бы для отопления жилищ всего населения Исландии в продолжение целого столетия; этот огромный пласт торфа представляет собой чередование пластов разложившихся растительных остатков с прослойками пористого туфа, нередко достигает в толщу семидесяти футов, если судить по подъёму поверхности от некоторых низин.

Как истый племянник профессора Лиденброка, я, несмотря на свои страхи, с интересом наблюдал минералогические достопримечательности, представляемые этим огромным естественно-историческим кабинетом. Вместе с тем я восстанавливал в памяти всю геологическую историю Исландии.

Этот удивительный остров, очевидно, поднялся из водных пучин в относительно недавнее время. Быть может, он и теперь всё ещё продолжает подниматься над уровнем океана? Если это так, то его возникновение можно приписать только действию подземного огня. В таком случае теория Хемфри Дэви, документ Сакнуссема, утверждения моего дядюшки — всё это разлеталось как дым. Космогоническая гипотеза заставила меня тщательно исследовать природу почвы, и я тотчас же представил себе все этапы возникновения этого острова.

Остров Исландия совершенно лишён осадочных пород и образовался исключительно из вулканических выбросов туфа, короче говоря, из хаотического скопления обломочных горных пород и рыхлых продуктов извержений, как то: вулканический песок, пепел и т. д. В отдалённую геологическую эпоху остров представлял собою сплошной горный массив, медленно возникавший на поверхности океана под давлением сил, действующих внутри земного шара. Вулканов ещё не существовало. Земля ещё не извергала огонь из своих недр.

Но позже в земной коре образовались трещины, избороздившие остров по диагонали — с юго-запада на северо-восток, — через которые началось излияние трахитовой массы. Явление это не носило тогда бурного характера. Трещинные излияния имели свободный выход, и расплавленное вещество, исторгнутое из недр земного шара, спокойно растекалось в виде широких покровов или волнистых масс. В эту эпоху появились полевой шпат, сиенит и порфир.

Но благодаря излияниям огненно-жидкой массы, её охлаждению и затвердеванию на поверхности Земли толща земной коры значительно увеличилась, а стало быть, возросла и сила сопротивляемости.

Итак, образование трахитового покрова не давало более никакого выхода расплавленной массе, скопившейся в недрах земного шара. И вот настал момент, когда мощность механического давления газов стала столь значительной, что приподнялась тяжёлая земная кора и на поверхности Земли стали возникать конусообразные возвышенности, в которых образовались трубообразные ходы. Так, в связи с вздутиями земной коры, появились вулканы, и в вершинах вулканов образовались впадины, так называемые кратеры.

За явлениями трещинных излияний следовали явления вулканические. Сперва, через вновь образовавшиеся выводные каналы, извергались базальтовые потоки, залегавшие в земной коре в самых причудливых формах, замечательные образцы которых встречались на нашем пути. Мы ступали по скалам серого базальта, которые при охлаждении приняли форму призм с шестигранными основаниями. Вдали виднелись во множестве усечённые конусы, некогда бывшие жерлами огнедышащих гор.

Вслед за излияниями базальтового потока вулкан, активность которого вновь возросла за счёт погасших кратеров, стал извергать потоки лавы, вулканического пепла и шлака; я своими глазами видел на его склонах эти следы извержений, напоминавшие взлохмаченные волосы на голове.

Такова была последовательность явлений, образовавших Исландию. Все эти явления обязаны действию огненной материи внутри земного шара, и было безумием предполагать, что под внешней оболочкой отсутствуют вещества, постоянно находящиеся в состоянии кипения и плавления. И тем более безумием было предполагать, что можно достигнуть центра Земли.

Я несколько успокоился относительно исхода нашей экскурсии, пока мы взбирались на Снайфедльс.

Дорога шла в гору, камни выскальзывали из-под ног, и всё труднее становилось идти; приходилось быть крайне внимательным, чтобы не упасть в бездну.

Ганс преспокойно шествовал впереди нас, словно шёл по ровному месту; иной раз он исчезал за большими глыбами, и мы на мгновение теряли его из виду; тогда резким свистом он указывал направление, по которому мы должны были следовать за ним. Зачастую он останавливался, подбирал обломки скал и располагал их в виде вех, по которым можно было, возвращаясь обратно, легко найти дорогу. Последующие события сделали такую предосторожность излишней.

За три часа утомительного пути мы дошли только до подножия вулкана. Ганс дал знак остановиться, и мы принялись за лёгкий завтрак. Дядюшка глотал по два куска зараз, чтобы поскорее отправиться дальше; но эта остановка была предназначена также и для отдыха, и ему приходилось подчиниться проводнику, который только через час подал знак трогаться в путь. Три исландца, охотники за гагарами, столь же молчаливые, как и их товарищ, не произносили ни слова и ели умеренно.

Мы начинали уже подыматься по склонам Снайфедльса. Его снежная вершина, вследствие оптического обмана, обычного в горах, казалось, была очень близка от нас, а сколько часов прошло ещё, пока мы добрались до неё! И с какими трудностями! Камни выскальзывали у нас из-под ног и скатывались в равнину со скоростью лавин. В некоторых местах угол наклона по отношению к горизонтальной поверхности составлял тридцать шесть градусов; было невозможно карабкаться вверх, и приходилось не без труда обходить огромные глыбы; при этом мы палками помогали друг другу. Дядюшка старался держаться как можно ближе ко мне; он не терял меня из виду, а иногда и помогал мне. Что касается самого дядюшки, у него, вероятно, было врождённое чувство равновесия, потому что его не бросало из стороны в сторону и он не спотыкался на ходу. Исландцы, хотя и нагруженные багажом, взбирались с ловкостью горцев. Глядя на вершину Снайфедльса, я считал невозможным добраться до неё по такой крутизне. К счастью, после целого часа мучительного пути перед нами неожиданно оказалась своеобразная лестница, возникшая среди снежной пелены, окутавшей вершину вулкана. Эта природная лестница значительно облегчила наше восхождение. Она образовалась из камней, выброшенных при извержении. Если бы эти камни при своём падении не были задержаны отвесным утёсом, они скатились бы в море и образовали бы новые острова. Во всяком случае, импровизированная лестница сильно помогла нам. Крутизна склонов всё возрастала, но каменные ступени облегчали и ускоряли наше восхождение на гору настолько, что стоило мне на минуту отстать от своих спутников, как их фигурки, мелькавшие вдалеке, казались совсем крошечными.

К семи часам вечера, преодолев две тысячи ступеней, мы оказались на выступе горы, служившем как бы основанием для самого конуса кратера.

Море расстилалось перед нами на глубине трёх тысяч двухсот футов. Мы перешли границу вечных снегов, которая в Исландии вследствие сырости климата не очень высока. Было холодно. Дул сильный ветер. Я чувствовал себя совершенно измученным. Профессор, убедясь, что мои ноги отказываются служить, решил сделать привал, несмотря на всё своё нетерпение. Он дал знак охотнику, но тот покачал головой, сказав:

— Ofvanfor!

— Отказывается, — сказал дядюшка, — надо подниматься ещё выше.

Потом он спросил у Ганса причину такого ответа.

— Mistour, — ответил наш проводник.

— Ja, mistour, — повторил один из исландцев явно испуганным голосом.

— Что означает это слово? — спросил я тревожно.

— Взгляни! — сказал дядюшка.

Я бросил взгляд вниз.

Огромный столб измельчённых горных пород, песка и пыли поднимался, кружась, подобно смерчу; ветер относил его в ту сторону Снайфедльса, где находились мы. Тёмной завесой нависал этот гигантский столб пыли, застилая собою солнце и отбрасывая свою тень на гору. Обрушься этот смерч на нас, и мы неизбежно были бы сметены с лица земли бешеным вихрем.

Это явление, которое наблюдается довольно часто, когда ветер дует с ледников, называется по-исландски «mistour».

— Hastigt, hastigt! — кричал наш проводник.

Хотя я и не знал датского языка, я всё же сразу понял, что нам надо следовать за Гансом, и как можно скорее. А между тем Ганс уже огибал конус кратера, но наискось.

Вскоре смерч обрушился на гору, которая задрожала под тяжестью его удара; камни, подхваченные вихрем, сыпались, как при извержении вулкана, подобно дождю. К счастью, мы находились уже по другую сторону горы и были благодаря этому в безопасности. Если бы не предусмотрительность проводника, наши растерзанные и обращённые в прах тела были бы сброшены вниз, как обломки какого-нибудь метеора.

Ганс считал, однако, неблагоразумным провести ночь на внешнем склоне горы. Мы продолжали восхождение зигзагами. Тысяча пятьсот футов, которые нам ещё оставалось преодолеть, отняли у нас почти пять часов; на обходы и зигзаги приходилось лишних по крайней мере три лье. У меня больше не было сил; я изнемогал от стужи и голода. Воздуха, уже порядочно разрежённого, не хватало для работы моих лёгких. Наконец, в одиннадцать часов вечера, в глубокой темноте, мы достигли вершины Снайфедльса, и, прежде чем укрыться во внутренности кратера, я успел взглянуть на «полуночное солнце» в низшей точке его стояния, откуда оно бросало свои бледные лучи на дремлющий у моих ног остров.

ГЛАВА ШЕСТНАДЦАТАЯ

Ужин был быстро съеден, и маленький отряд устроился на ночлег как мог лучше. Ложе было жёсткое, крыша малонадёжная, в общем, положение не из весёлых. Мы находились на высоте пяти тысяч футов над уровнем моря. Однако мой сон в эту ночь был особенно спокоен; так хорошо мне не приходилось уже давно спать. Я даже не видел снов.

На другое утро мы проснулись полузамёрзшими; было очень холодно, хотя солнце светило чрезвычайно ярко. Я встал со своего каменистого ложа, чтобы насладиться великолепным зрелищем, открывавшимся перед моими глазами.

Я находился на вершине южного конуса Снайфедльса. Мой взор охватывал с этой выси бо́льшую часть острова. Благодаря обычному оптическому обману при наблюдении с большой высоты берега острова как будто приподнимались, а центральная его часть как бы западала. Можно сказать, что у моих ног лежала топографическая карта Хельбесмера. Передо мною расстилались долины, пересекавшие во всех направлениях остров, пропасти казались колодцами, озёра – прудами, реки – ручейками. Направо от меня тянулись бесчисленные ледники и высились горные пики; над некоторыми из них вздымались лёгкие клубы дыма. Волнообразные очертания этих бесконечных горных кряжей, покрытых вечными снегами, словно гребни волн пеной, напоминали мне море во время бури. А на западе, как бы являясь продолжением этих вспененных гребней, величественно раскинулся океан. Глаз едва различал границу между землёй и морем.

Я весь отдался восторженному чувству, которое испытываешь обычно на больших высотах, и на этот раз я не страдал от головокружения, потому что уже освоился с высоким наслаждением смотреть на Землю с высоты. Я забыл о том, кто я и где я! Я жил жизнью эльфов и сильфов, легендарных обитателей скандинавской мифологии. Мои ослеплённые взоры тонули в прозрачном свете солнечных лучей. Упиваясь этим очарованием высоты, я не думал о бездне, в которую вскоре должна была ввергнуть меня судьба. Но появление профессора и Ганса, отыскавших меня на вершине горного пика, вернуло меня к действительности.

Дядюшка, обратясь лицом к западу, указал мне на подёрнутые дымкой туманные очертания Земли, выступавшие над морем.

— Гренландия, — сказал он.

— Гренландия? — воскликнул я.

— Да, мы всего на расстоянии тридцати пяти лье от неё. Во время оттепели белые медведи добираются до Исландии на льдинах, течением уносимых с севера. Но это неважно! Мы теперь на вершине Снайфедльса; вот его два пика — южный и северный. Ганс скажет нам, как по-исландски называется тот, на котором мы сейчас стоим.

Охотник ответил:

— Scartaris.

Дядюшка взглянул на меня с торжествующим видом.

— К кратеру! — сказал он.

Кратер Снайфедльса представлял собою опрокинутый конус, жерло которого имеет около полулье в диаметре. Глубину же его я определил приблизительно в две тысячи футов. Можно себе вообразить, что творилось бы в таком резервуаре взрывчатых веществ, если бы вулкан вздумал метать свои громы и молнии. Воронка вряд ли была шире пятисот футов в окружности, и по её довольно отлогим склонам легко можно было спуститься до самого дна кратера. Я невольно сравнил кратер с жерлом огромной пушки, и это сравнение меня напугало.

«Взобраться в жерло пушки, которая, возможно, заряжена и каждую минуту может выстрелить, настоящее безумие!» — подумал я.

Но отступать было уже невозможно. Ганс с равнодушным видом шагал во главе нашего отряда. Я молча следовал за ним.

Чтобы облегчить спуск, Ганс описывал внутри кратера большие эллипсы. Приходилось идти среди вулканических «висячих» залежей, которые, случалось, обрывались при малейшем сотрясении и скатывались на дно пропасти. Гулкое эхо сопровождало их падение.

На пути встречались внутренние ледники; тогда Ганс шёл с особой осторожностью, ощупывая почву палкой с железным наконечником, чтобы узнать, нет ли где расщелин. В сомнительных местах мы связывались между собой длинной верёвкой, чтобы тот, у кого нога начинала скользить, мог опереться на спутников. Предосторожность эта была необходима, но она не исключала опасности.

Между тем, несмотря на трудности, непредвиденные нашим проводником, спуск шёл благополучно, если не считать утери связки верёвок, выпавшей из рук одного из исландцев и скатившейся кратчайшим путём в пропасть.

В полдень мы оказались на дне кратера. Я взглянул вверх и через жерло конуса, как через объектив аппарата, увидел клочок неба. Лишь в одном месте глаз различал пик Скартариса, уходящий в бесконечность.

На дне кратера находились три трубы, через которые во время вулканических извержений вулкана Снайфедльс центральный очаг извергал лаву и пары. Каждое из этих отверстий в диаметре достигало приблизительно ста футов. Их зияющие пасти разверзались у наших ног. У меня не хватало духа взглянуть внутрь их. Профессор Лиденброк быстро исследовал расположение отверстий; он задыхался, бегал от одного отверстия к другому, размахивал руками и выкрикивал какие-то непонятные слова. Ганс и его товарищи, сидя на обломке лавы, посматривали на него; они, видимо, принимали его за сумасшедшего.

Вдруг дядюшка дико крикнул. Я подумал, что он оступился и падает в зев бездны. Но нет! Он стоял, раскинув руки, расставив ноги, перед гранитной скалой, возвышавшейся в самой середине кратера, подобно грандиозному пьедесталу для статуи Плутона. Во всей позе дядюшки чувствовалось, что он до крайности изумлён, но изумление его сменилось вскоре безумной радостью.

— Аксель, Аксель! — кричал он. — Иди сюда, иди!

Я поспешил к нему. Ганс и исландцы не тронулись с места.

— Взгляни, — сказал профессор.

И с тем же изумлением, если не с радостью, я прочёл на скале, со стороны, обращённой к западу, начертанное руническими письменами, полустёртыми от времени, тысячу раз проклятое имя.

— Арне Сакнуссем! — воскликнул дядюшка. — Неужели ты и теперь ещё будешь сомневаться?

Я ничего не ответил и пошёл, в смущении, обратно к своей скамье из отложений лавы. Очевидность сразила меня.

Сколько времени я предавался размышлениям, не помню. Знаю только, что когда я поднял голову, то увидал на дне кратера только лишь дядюшку

и Ганса. Исландцы были отпущены и теперь спускались уже по наружным склонам Снайфедльса, возвращаясь в Стапи.

Ганс безмятежно спал у подножья скалы, в жёлобе застывшей лавы, где он устроил себе импровизированное ложе; дядюшка метался внутри кратера, как дикий зверь в волчьей яме. У меня не было ни сил, ни желания встать; и, следуя примеру проводника, я погрузился в мучительную дремоту, боясь услышать подземный гул или почувствовать сотрясение в недрах вулкана.

Так прошла первая ночь внутри кратера.

На следующее утро серое, затянутое свинцовыми тучами небо нависло над кратером. Поразила меня не столько полная темнота, сколько бешеный гнев дядюшки. Я понял причину его ярости, и у меня мелькнула смутная надежда. И вот почему.

Из трёх дорог, открывавшихся перед нами, Сакнуссем избрал один путь. По словам учёного исландца, этот путь можно было узнать по признаку, указанному в шифре, а именно, что тень Скартариса касается края кратера в последние дни июня месяца.

Действительно, этот пик можно было уподобить стрелке гигантских солнечных часов, которая в известный день, отбрасывая свою тень на кратер, указывает путь к центру Земли. Вот почему, если не выглянет солнце, не будет и тени. А следовательно, и нужного указания! Было уже 25 июня. Стоило тучам покрыть небо на шесть дней, и нам пришлось бы отложить изыскания до следующего года.

Я отказываюсь описать бессильный гнев профессора Лиденброка. День прошёл, но никакая тень не легла на дно кратера; Ганс не трогался с места, хотя его должно было удивлять, чего же мы ждём, если только он вообще был способен удивляться! Дядюшка не удостаивал меня ни единым словом. Его взоры, неизменно обращённые к небу, терялись в серой, туманной дали.

26 июня — и никаких изменений! Целый день шёл мокрый снег. Ганс соорудил шалаш из обломков лавы. Я несколько развлекался, следя за тысячами импровизированных каскадов, образовавшихся на склонах кратера и с диким рёвом разбивавшихся о каждый встречный камень.

Дядюшка уже больше не сдерживался. Даже более терпеливый человек при таких обстоятельствах вышел бы из себя: ведь это значило потерпеть крушение у самой гавани!

Но, по милости неба, за великими огорчениями следуют и великие радости, и профессор Лиденброк получил удовлетворение, способное заслонить испытанное им отчаяние.

На следующий день небо было всё ещё затянуто тучами, но в воскресенье, 28 июня, в предпоследний день месяца, смена луны вызвала и перемену погоды. Солнце заливало кратер потоками света. Каждый пригорок, каждая скала, каждый камень, каждая кочка получала свою долю солнечных лучей и тут же отбрасывала свою тень на землю. Тень Скартариса вырисовывалась вдали своим острым ребром и неприметно следовала за лучезарным светилом.

Дядюшка следовал по её стопам.

В полдень, когда предметы отбрасывают самую короткую тень, знаменательная тень Скартариса слегка коснулась края среднего отверстия в кратере.

– Тут! – вскричал профессор. – Тут пролегает путь к центру земного шара! – прибавил он по-датски.

Я посмотрел на Ганса.

– Forut! – спокойно сказал проводник.

– Вперёд! – повторил дядя.

Было один час тридцать минут пополудни.

ГЛАВА СЕМНАДЦАТАЯ

Теперь только начиналось настоящее путешествие. До сих пор трудности следовали одна за другой; теперь они должны были в буквальном смысле слова вырастать у нас под ногами.

Я не заглядывал ещё в этот бездонный колодец, в который мне предстояло спуститься. Теперь настал этот момент. Я мог ещё или принять участие в рискованном предприятии, или отказаться попытать счастье. Но мне было стыдно отступать перед нашим проводником. Ганс так охотно соглашался участвовать в этом романтическом приключении; он был так хладнокровен, так мало думал об опасностях, что я устыдился оказаться менее храбрым, чем он. Не будь его, у меня нашлось бы множество веских доводов, но в присутствии проводника я не стал возражать; тут я вспомнил прелестную фирландку и шагнул ближе к центральному отверстию в кратере.

Как я уже сказал, оно имело сто футов в диаметре, или триста футов в окружности. Я нагнулся над одной из скал и взглянул вниз. Волосы встали у меня дыбом. Ощущение пустоты овладело всем моим существом. Я почувствовал, что центр тяжести во мне переместился, голова закружилась, точно у пьяницы. Нет ничего притягательнее бездны. Я готов был упасть. Чья-то рука удержала меня. То был Ганс. Положительно, мне следовало взять ещё несколько «уроков по головокружению», вроде тех, что я брал в копенгагенском храме Спасителя. Хотя я только мельком заглянул в колодец, всё же успел разглядеть его строение. Внутренние, почти отвесные, стены колодца представляли собою ряд выступов, которые должны были облегчать схождение в пропасть. Но если и была лестница, то перила отсутствовали. Верёвка, прикреплённая у края отверстия, могла бы послужить нам надёжной опорой, но как же отвязать её, когда мы совершим прыжок в бездну?

Однако существовало простое средство, которое и применил дядюшка. Он взял верёвку толщиной в дюйм и длиной в четыреста футов, перекинул её через проём в выступе лавы у самого края отверстия и спустил оба её конца вниз. Таким образом каждый из нас, держа в руках оба конца верёвки, получал некоторую опору и мог легче спускаться в бездонную пропасть, спустившись на двести футов, было совсем нетрудно стянуть вниз верёвку, выпустив из рук один её конец. Этот приём можно было повторять ad infinitum[1].

— Теперь займёмся багажом, — сказал дядюшка, когда все приготовления были закончены, — разделим его на три тюка, и каждый из нас привяжет на спину по одному тюку; я говорю только о хрупких предметах.

Очевидно, отважный профессор не относил нас к числу последних.

— Ганс, — продолжал он, — возьмёт инструменты и часть съестных припасов; ты, Аксель, вторую треть съестных припасов и оружие; я — остаток провизии и приборы.

— Но кто же, — сказал я, — спустит вниз одежду, лестницу и кучу верёвок?

— Они спустятся сами.

— Как так? — спросил я.

[1] До бесконечности (*лат.*).

— Сейчас увидишь.

И дядюшка, недолго думая, горячо принялся за дело. По его приказу Ганс собрал в один тюк все мягкие вещи и, крепко связав его, без дальнейших церемоний сбросил в пропасть.

Я услыхал, как наш багаж с гулким свистом, рассекая воздух, летел вниз. Дядюшка, нагнувшись над бездной, следил довольным взглядом за путешествием своих вещей, пока не потерял их из виду.

— Хорошо, — сказал он. — А теперь очередь за нами!

Я спрашиваю любого здравомыслящего человека: возможно ли слушать такие слова без содрогания?

Профессор взвалил себе на спину тюк с приборами, Ганс — с утварью, я — с оружием. Мы спускались в следующем порядке: впереди шёл Ганс, за ним дядюшка и, наконец, я. Схождение совершалось в полном молчании, нарушаемом лишь падением камней, которые, оторвавшись от скал, с грохотом скатывались в пропасть.

Я сползал, судорожно ухватясь одной рукой за двойную верёвку, а другой опираясь на палку. Единственной моей мыслью было: как бы не потерять точку опоры! Верёвка казалась мне слишком тонкой для того, чтобы выдержать трёх человек. Поэтому я пользовался ею по возможности меньше, показывая чудеса эквилибристики на выступах лавы, которые я отыскивал, нащупывая ногой.

И когда такая скользкая ступень попадалась под ноги Гансу, он хладнокровно говорил:

— Gif akt!

— Осторожно! — повторял дядюшка.

Через полчаса мы добрались до скалы, прочно укрепившейся в стене пропасти.

Ганс потянул верёвку за один конец; другой конец взвился в воздух; соскользнув со скалы, через которую верёвка была перекинута, конец её упал у наших ног, увлекая за собой камни и куски лавы, сыпавшиеся подобно дождю или, лучше сказать, подобно убийственному граду.

Нагнувшись над краем узкой площадки, я убедился, что дна пропасти ещё не видно.

Мы снова пустили в ход верёвку и через полчаса оказались ещё на двести футов ближе к цели.

Я не знаю, до какой степени должно доходить сумасшествие геолога, который пытается во время такого спуска изучать природу окружающих его геологических напластований?

Что касается меня, я мало интересовался строением земной коры; какое мне было дело до того, что представляют собою все эти плиоценовые, миоценовые, эоценовые, меловые, юрские, триасовые, пермские, каменноугольные, девонские, силурийские или первичные геологические напластования? Но профессор, по-видимому, вёл наблюдения и делал заметки, так как во время одной остановки он сказал мне:

— Чем дальше я иду, тем больше крепнет моя уверенность. Строение вулканических пород вполне подтверждает теорию Дэви. Мы находимся в первичных слоях, перед нами порода, в которой произошёл химический процесс разложения металлов, раскалившихся и воспламенившихся при соприкосновении с воздухом и водой. Я безусловно отвергаю теорию центрального огня. Впрочем, мы ещё увидим это!

Всё то же заключение! Понятно, что я не имел никакой охоты спорить. Моё молчание было принято за согласие, и нисхождение возобновилось.

После трёх часов пути я всё же не мог разглядеть дна пропасти. Взглянув вверх, я заметил, что отверстие кратера заметно уменьшилось. Стены, наклонённые внутрь кратера, постепенно смыкались. Темнота увеличивалась.

А мы спускались всё глубже и глубже. Мне казалось, что звук при падении осыпавшихся камней становился более глухим, как если бы они ударялись о землю.

Я внимательно считал, сколько раз мы пользовались верёвкой, и поэтому мог определить глубину, на которой мы находились, и время, истраченное на спуск.

Мы уже четырнадцать раз повторили манёвр с верёвкой с промежутками в полчаса. На спуск ушло семь часов и три с половиною часа на отдых, что составляло в общем десять с половиной часов. Мы начали спускаться в час, значит, теперь было одиннадцать часов.

Глубина, на которой мы находились, равнялась двум тысячам восьмистам футов, считая четырнадцать раз по двести футов.

В это мгновение раздался голос Ганса.

— Halt! — сказал он.

Я сразу остановился, едва не наступив на голову дядюшки.

— Мы у цели, — сказал дядюшка.

— У какой цели? — спросил я, скользя к нему.

— На дне колодца.

— Значит, нет другого прохода?

— Есть! Я вижу направо нечто вроде туннеля. Мы расследуем всё это завтра. Сначала поужинаем, а потом спать.

Ещё не совсем стемнело. Мы открыли мешок с провизией и поели; затем улеглись, по возможности удобнее, на ложе из камней и обломков лавы.

Когда, лёжа на спине, я открыл глаза, на конце этой трубы гигантского телескопа в три тысячи футов длиной я заметил блестящую точку.

То была звезда, утратившая способность мерцать, — по моим соображениям, Бета в созвездии Малой Медведицы.

Вскоре я заснул глубоким сном.

Глава восемнадцатая

В восемь часов утра яркий свет разбудил нас. Тысячи граней на лавовых стенах вбирали в себя его сияние и отражали в виде целого дождя искр. Этой игры света было достаточно, чтобы различить окружающие предметы.

— Ну, Аксель, что ты на это скажешь? — воскликнул дядюшка, потирая руки. — Провёл ли ты когда-нибудь такую спокойную ночь в нашем доме на Королевской улице? Тут нет ни шума тележек, ни крика продавцов, ни брани лодочников!

— О, конечно, нам весьма спокойно на дне этого колодца, но в этом спокойствии есть нечто ужасающее.

— Ну-ну! — воскликнул дядюшка. — Если ты уже теперь боишься, что же будет дальше? Мы ещё ни на один дюйм не проникли в недра Земли!

— Что вы хотите сказать?

— Я хочу сказать, что мы добрались только до основания острова! Дно этого колодца — в жерле кратера Снайфедльса и находится примерно на уровне моря.

— Вы убеждены в этом?

— Вполне! Взгляни на барометр.

Действительно, ртуть, поднимавшаяся по мере того как мы спускались, остановилась на двадцать девятом дюйме.

— Ты видишь, — продолжал профессор, — мы находимся ещё в сфере атмосферного давления, и я жду с нетерпением, когда можно будет барометр заменить манометром.

Барометр, конечно, должен стать ненужным с той минуты, когда тяжесть воздуха превысит давление, существующее на уровне океана.

— Но, — сказал я, — не следует ли опасаться того, что всё возрастающее давление станет трудно переносимым?

— Нет! Мы спускаемся медленно, и наши лёгкие привыкнут дышать в более сгущённой атмосфере. Воздухоплавателям не хватает воздуха при подъёме в верхние слои атмосферы, а у нас, возможно, окажется избыток воздуха. Но последнее всё же лучше! Не будем же терять ни минуты. Где вещевой мешок, который мы раньше сбросили вниз?

Я вспомнил, что мы его тщетно искали накануне вечером. Дядюшка спросил об этом Ганса, а тот, оглядев всё вокруг зорким глазом охотника, ответил:

— Der hippe!

— Там, наверху!

Действительно, вещевой мешок, зацепившись за выступ скалы, повис приблизительно футов на сто над нашими головами. Цепкий исландец, как кошка, вскарабкался на скалу и через несколько минут спустил наш мешок.

— А теперь, — сказал дядюшка, — позавтракаем, но позавтракаем как люди, которым предстоит далёкий путь.

Сухари и сушёное мясо мы запили несколькими глотками воды с можжевеловой водкой.

После завтрака дядюшка вынул из кармана записную книжку и, поочерёдно беря в руки разные приборы, записывал:

Понедельник, 30 июня.
Хронометр: 8 ч. 17 м. утра.
Барометр: 29 дюймов 7 линий.
Термометр: 6°.
Направление: В. – Ю. – В.

Последнее показание компаса относилось к тёмной галерее.

– Теперь, Аксель, – воскликнул профессор восторженно, – мы действительно углубимся в недра земного шара! Теперь собственно начинается наше путешествие.

Сказав это, дядюшка взял одной рукой висевший у него на шее аппарат Румкорфа, а другой соединил электрический провод со спиралью в фонаре, и яркий свет рассеял мрак галереи.

Второй аппарат, который нёс Ганс, был также приведён в действие. Остроумное применение электричества позволяло нам, пользуясь искусственным светом, подвигаться вперёд даже среди воспламеняющихся газов.

– В дорогу! – сказал дядюшка.

Мы снова взвалили на спину свои мешки. Ганс взялся вдобавок подталкивать перед собой тюк с одеждой и верёвками, и мы все трое вступили в тёмный туннель.

В ту минуту, когда мы вступали в его зияющую пасть, я взглянул вверх и в последний раз через эту гигантскую подзорную трубу увидел небо Исландии, «которое мне не суждено снова увидеть»!

Во время извержения 1229 года лава проложила себе путь сквозь этот туннель; она отлагалась на его стенках, образуя на них плотный и блестящий шлаковый покров; электрический свет отражался от его зеркальной поверхности, усиливаясь во сто крат. Трудность пути состояла, главным образом, в том, чтоб не скользить слишком быстро по плоскости, угол наклона которой равен сорока пяти градусам. К счастью, некоторые залежи и неровности могли служить ступенями, а багаж нам приходилось тащить за собой на длинной верёвке.

Но то, что служило для нас ступенями, на соседних стенах превращалось в сталактиты. Лава, в некоторых местах пористая, вздувалась пузырями, кристаллы чёрного кварца, усеянные стекловидными капельками, свешивались со свода, подобно люстрам, казалось, загоравшимся при нашем приближении. Можно было подумать, что подземные духи освещали свой дворец, чтобы принять посланцев Земли.

– Какое великолепие! – невольно воскликнул я. – Что за зрелище! Какие изумительные оттенки принимает лава! От красно-бурого до ярко-жёлтого! А эти кристаллы, похожие на светящиеся шары!

– А-а, ты теперь восхищаешься, Аксель! – ответил дядюшка. – А-а, ты находишь это зрелище великолепным, мой мальчик! Надеюсь, ты и не то ещё увидишь. Пойдём же! Пойдём!

Правильнее было бы сказать: «Скатимся же!», ибо нам предстояло без всякого труда скатиться по наклонной плоскости. То был facilis descensus Averni[1] Вергилия!

Компас, на который я частенько посматривал, указывал с неколебимой точностью на юго-восток. Поток лавы не уклонялся ни вправо, ни влево. Он неуклонно следовал по прямой линии.

Между тем температура почти не поднималась, что подтверждало теорию Дэви; я несколько раз с удивлением посматривал на термометр. Мы были в дороге уже два часа, а он показывал только 10°, иначе говоря, температура повысилась всего лишь на 4°! Это заставляло меня предполагать, что мы «спускаемся» больше в горизонтальном направлении, чем в вертикальном! Впрочем, не было ничего легче узнать, на какой глубине мы находимся. Профессор измерял исправно угол наклона пути, но хранил про себя результаты своих наблюдений.

В девять часов вечера он дал сигнал остановиться. Ганс тотчас же присел. Лампы укрепили на выступе стены. Мы находились в какой-то пещере, где не было недостатка в воздухе. Напротив! Мы чувствовали как бы дуновение ветра. Чему приписать это явление? Откуда это колебание атмосферы? Я отложил разрешение этого вопроса. Голод и усталость лишили меня способности размышлять. Семь часов безостановочного пути истощили мои силы. Оклик «halt!» обрадовал меня. Ганс разложил провизию на обломке лавы, и мы поели с аппетитом. Меня всё же беспокоила одна вещь: наш запас воды истощился наполовину. Дядюшка рассчитывал пополнить его из подземных источников, но ещё ни разу мы их не встретили. Я не мог не обратить его внимания на это обстоятельство.

[1] Лёгкий спуск в Аверн (то есть в преисподнюю) (*лат.*).

— Тебя удивляет отсутствие источников? — спросил дядюшка.

— Конечно! И больше того, беспокоит! У нас хватит воды только на пять дней.

— Успокойся, Аксель, я ручаюсь, что мы найдём воду, и даже в большем количестве, чем необходимо.

— Когда же?

— Когда мы выйдем из этих напластований лавы. Ты воображаешь, что источники могли пробиться сквозь эти толщи?

— Но, быть может, туннель уйдёт на бóльшую глубину. Мне кажется, что мы не очень-то много прошли в вертикальном направлении.

— На чём основано твоё предположение?

— Но ведь если бы мы намного продвинулись вглубь земной коры, температура была бы выше.

— Это по твоей теории, — ответил дядюшка. — А что показывает термометр?

— Едва пятнадцать градусов! Следовательно, с того времени, что мы идём по туннелю, температура поднялась на девять градусов.

— Сделай отсюда вывод.

— А вывод таков! По точнейшим наблюдениям, повышение температуры в недрах Земли равняется градусу на каждые сто футов. Но эта цифра может, конечно, изменяться под влиянием некоторых местных условий. Так, в Якутске, в Сибири, замечено, что повышение в один градус приходится уже на тридцать шесть футов. Всё зависит, очевидно, от теплопроводности скал. Я прибавлю, что даже вблизи потухшего вулкана было замечено, что повышение температуры в один градус приходится лишь на сто двадцать пять футов. Примем последнюю гипотезу, как самую благоприятную, и вычислим.

— Ну, вычисляй, мой мальчик!

— Это нетрудно, — сказал я, набрасывая цифры в записной книжке. — Девять раз сто двадцать пять даёт тысячу сто двадцать пять футов.

— Вполне точно вычислено.

— Ну и что же?

— Ну а по моим наблюдениям мы находимся теперь на глубине десяти тысяч футов ниже уровня моря.

— Не может быть!

– Именно так! Или цифры утратили всякий смысл.

Вычисление профессора оказалось правильным: мы спустились уже на шесть тысяч футов глубже, чем когда-либо удавалось это человеку, например, в Кицбюэльских копях в Тироле и Вюттембергских в Богемии.

Температура, которая в этом месте должна была доходить до восьмидесяти одного градуса, едва поднялась до пятнадцати. Это наводило на различные размышления.

Глава девятнадцатая

На следующий день, во вторник, 1 июля, в шесть часов утра мы вновь пустились в путь.

Мы всё ещё шли по лавовой галерее, которая вела вниз с лёгким уклоном, как те деревянные настилы, которые и поныне заменяют лестницы в некоторых старинных домах. Так продолжалось до двенадцати часов семнадцати минут, когда мы нагнали Ганса, поджидавшего нас.

– А-а! – воскликнул дядя. – Мы в самом конце трубы!

Я огляделся вокруг. Мы находились у перекрёстка, от которого вели два пути, оба тёмных и узких. Какой же из них нам следовало избрать? Вот в чём была трудность!

Однако дядюшка, не желавший обнаружить своего колебания ни передо мной, ни перед проводником, решительно указал на восточный туннель, в который мы тотчас же и вошли.

Впрочем, раздумье при выборе пути могло продолжаться очень долго, потому что не было ни малейшего указания, могущего склонить дядюшку в пользу того или другого хода; приходилось буквально идти наудачу.

Наклон в этой новой галерее едва чувствовался, и разрез её то расширялся, то суживался. Иногда перед нами развёртывалась настоящая колоннада, точно портик готического собора. Зодчие Средневековья могли бы изучить тут все виды церковной архитектуры, развившейся из стрельчатой арки. Ещё через одну милю нам пришлось нагибать головы под сдавленными сводами романского стиля, где мощные колонны, укреплённые в фундаментах, поддерживали их. В иных местах вместо колонн появлялись невысокие навалы, похожие на сооружения бобров, и нам приходилось пробираться ползком по узким ходам.

Температура была всё время сносной. Я невольно представлял себе, как высока должна была быть здесь температура, когда потоки лавы, извергаемые Снайфедльсом, неслись по этой дышавшей покоем галерее. Я представлял себе, как огненные потоки разбивались об углы колонн, как горячие пары скоплялись в этом узком пространстве!

«Только бы не пришла древнему вулкану фантазия вспомнить былое!» — подумал я.

Впрочем, я не делился с дядюшкой Лиденброком своими мыслями, да он и не понял бы их. Его единственным стремлением было: идти всё вперёд! Он шёл, скользил, даже падал, преисполненный уверенности, которой нельзя было не удивляться.

К шести часам вечера, не слишком утомившись, мы прошли два лье в южном направлении и едва четверть мили в глубину.

Дядюшка дал знак остановиться и отдохнуть. Мы поели, почти не обмолвившись словом, и заснули без долгих размышлений.

Наши приготовления на ночь были весьма несложны: дорожное одеяло, в которое каждый из нас закутывался, составляло всю нашу постель. Нам нечего было бояться ни холода, ни нежданных посетителей. В пустынях Африки или в лесах Нового Света путешественникам приходится вечно быть настороже. Тут — совершенное одиночество и полнейшая безопасность. Нечего было опасаться ни дикарей, ни хищных животных, ни злоумышленников!

Утром мы проснулись бодрые и подкрепившиеся! И снова двинулись в путь! Мы шли, как и накануне, по тому же грунту затвердевшей лавы. Строение почвы под лавовым покровом невозможно было определить. Туннель не углублялся больше в недра Земли, но постепенно принимал горизонтальное направление. Мне показалось даже, что наш путь ведёт к поверхности Земли. К десяти часам утра, в этом нельзя было сомневаться, стало труднее идти, и я начал отставать от спутников.

— В чём дело, Аксель? — спросил нетерпеливо профессор.

— Я не могу идти быстрее, — ответил я.

– Что? Всего каких-нибудь три часа ходьбы по столь лёгкой дороге!

– Лёгкой, пожалуй, но всё же утомительной.

– Но ведь мы же спускаемся!

– Поднимаемся! Не в обиду вам будь сказано!

– Поднимаемся? – переспросил дядя, пожимая плечами.

– Конечно! Вот уже с полчаса как наклон пути изменился, и если будет продолжаться так дальше, мы непременно вернёмся в Исландию.

Профессор покачал головой, давая понять, что он не хочет ничего слышать. Я пытался привести новые доводы. Дядюшка упорно молчал и дал сигнал собираться в дорогу. Я понял, что его молчание вызвано дурным расположением духа.

Всё же я мужественно взвалил свою тяжёлую ношу на спину и быстрым шагом последовал за Гансом, который шёл впереди дядюшки. Я боялся отстать. Моей главной заботой было не терять из виду спутников. Я содрогался от ужаса при мысли заблудиться в этом лабиринте.

Впрочем, если восходящий путь и был утомительнее, всё же я утешался мыслью, что он вёл нас к поверхности Земли. Он вселял в сердце надежду. Каждый шаг подтверждал мою догадку, и меня окрыляла мысль, что я снова увижу мою милую Гретхен.

Около полудня характер внутреннего покрова галереи изменился. Я заметил это по отражению электрического света от стен. Вместо лавового покрова поверхность сводов состояла теперь из осадочных горных пород, расположенных наклонно к горизонтальной плоскости, а зачастую и вертикально. Мы находились в отложениях силурийского периода.

– Совершенно очевидно! – воскликнул я. – Осадочные породы, как то: сланцы, известняки и песчаники – относятся к древней палеозойской эре истории Земли! Мы теперь удаляемся от гранитного массива. Выходит, что мы поступаем, точно гамбуржцы, которые поехали бы в Любек через Ганновер.

Мне следовало бы держать свои наблюдения про себя. Но мой пыл геолога одержал верх над благоразумием, и дядюшка Лиденброк услышал мои восклицания.

– Что случилось? – спросил он.

– Смотрите, – ответил я, указывая ему на пласты слоистых песчано-глинистых и известковых масс, в которых наблюдались первые признаки шиферного сланца.

– Ну и что же?

– Значит, мы дошли до того периода, когда появились первые растения и животные.

– А-а! Ты так думаешь?

– Да взгляните же, исследуйте, понаблюдайте!

Я заставил профессора направить лампу на стены галереи. Я ожидал от него обычных в таких случаях восклицаний, но он, не сказав ни слова, пошёл дальше.

Понял он меня или нет? Или он, как старший родственник и учёный, не хотел сознаться из чувства самолюбия, что он ошибся, избрав восточный туннель, или же дядюшка намеревался исследовать до конца этот ход? Было очевидно, что мы сошли с лавового пути и что по этой дороге нам не дойти до очага Снайфедльса.

Всё же у меня возникало сомнение, не придавал ли я слишком большого значения этому изменению в строении слоёв? Не заблуждался ли я сам? Действительно ли мы находимся в слоистых пластах земной коры, лежащих выше зоны гранитов?

«Если я прав, – думал я, – то должен найти какие-нибудь остатки органической жизни, и перед очевидностью придётся сдаться. Итак, поищем!»

Не прошёл я и ста шагов, как мне представились неопровержимые доказательства. Так и должно было быть, ибо в силурийский период в морях обитало свыше тысячи пятисот растительных и животных видов. Мои ноги, ступавшие до сих пор по затвердевшей лаве, ощутили под собою мягкий грунт, образовавшийся из отложений растений и раковин. На стенах ясно виднелись отпечатки морских водорослей, фукусов и ликоподий. Профессор Лиденброк закрывал на всё глаза и шёл всё тем же ровным шагом.

Упрямство его переходило всякие границы. Я не выдержал. Подняв раковину, вполне сохранившуюся, принадлежавшую животному, немного похожему на нынешнюю мокрицу, я подошёл к дядюшке и сказал ему:

– Взгляните!

– Превосходно! – ответил он спокойно. – Это редкий экземпляр вымершего ещё в древние времена низшего животного из отрядов трилобитов. Вот и всё!

– Но не заключаете ли вы из этого?..

– То же, что заключаешь и ты сам? Разумеется! Мы вышли из зоны гранитных массивов и лавовых потоков. Возможно, что я избрал неверный путь, но я удостоверюсь в своей ошибке лишь тогда, когда мы дойдём до конца этой галереи.

– Вы поступаете правильно, дорогой дядюшка, и я одобрил бы вас, если бы не боялся угрожающей нам опасности.

– Какой именно?

– Недостатка воды.

– Ну что ж! Уменьшим порции, Аксель.

ГЛАВА ДВАДЦАТАЯ

В самом деле, с водою пришлось экономить. Нашего запаса могло хватить ещё только на три дня; в этом я убедился за ужином. И мы теряли всякую надежду встретить источник в этих пластах переходной эпохи. Весь следующий день мы шли под бесконечными арочными перекрытиями галереи. Мы шли, лишь изредка обмениваясь словом. Молчаливость Ганса передалась и нам.

Подъём в гору почти не чувствовался. Порою даже казалось, что мы спускаемся, а не поднимаемся. Последнее обстоятельство, впрочем, едва ощутимое, не обескураживало профессора, ибо структура почвы не изменялась и все признаки переходного периода были налицо.

Сланец, известняк и древний красный песчаник в покровах галереи ослепительно сверкали при электрическом свете. Могло показаться, что находишься в копях Девоншира, который и дал своё имя этой геологической формации. Облицовка стен являла великолепные образцы мрамора, начиная от серого, как агат, с белыми прожилками, причудливого рисунка, до ярко-розового и жёлтого в красную крапинку; тут были и образцы тёмного мрамора с красными и коричневыми крапинами, оживлённого игрою оттенков от присутствия в нём известняков. Мраморы были богаты остатками низших животных. В сравнении с тем, что мы наблюдали накануне, в творчестве природы замечался некоторый прогресс; вместо трилобитов я видел остатки более совершенных видов; между прочим, из позвоночных были ганоидные рыбы и заороптерисы, в которых глаз палеонтолога мог обнаружить первые формы пресмыкающихся. Моря девонского периода были богаты животными этого вида, и отложения их в горных породах новейшей эры встречаются миллиардами.

Очевидно, перед нами проходила картина животного мира от самой низшей до высшей ступени, на которой стоял человек. Но профессор Лиденброк, казалось, не обращал на окружающее никакого внимания.

Он ожидал одного из двух: или разверстого у его ног отверстия колодца, в который он мог бы спуститься, или препятствия, которое преградило бы ему дальнейший путь. Но наступил вечер, а надежды дядюшки были тщетны.

В пятницу, после мучительной ночи, истомлённый жаждой, наш маленький отряд снова пустился в скитания по лабиринтам галереи.

Мы шли уже два часа, когда я заметил, что отблеск наших ламп на стенах стал значительно слабее. Мрамор, сланец, известняк, песчаник, составлявшие облицовку стен, уступили место тёмному и тусклому покрову. В одном месте, где туннель становился очень узким, я провёл рукой по левой стене. Когда я отдёрнул руку, она была совсем чёрная. Я вгляделся внимательнее. Рука была испачкана каменноугольной пылью.

— Каменноугольные копи! — воскликнул я.

— Копи без рудокопов, — ответил дядюшка.

— Ну, кто знает!

— Я-то знаю! — сухо возразил профессор. — Я твёрдо убеждён, что эта галерея, проложенная в каменноугольных пластах, не есть дело рук человеческих. Но дело ли это природы или нет, меня мало интересует. Время ужинать. Давайте-ка поужинаем!

Ганс приготовил ужин. Я ел мало и выпил несколько капель воды, составлявших мою порцию. Только фляжка проводника была до половины наполнена водой; вот всё, что осталось для утоления жажды трёх человек!

Поужинав, мои спутники растянулись на своих одеялах, черпая отдых в живительном сне. Но я не мог заснуть; я считал минуты до самого утра.

В субботу, в шесть часов утра, мы двинулись дальше. Через двадцать минут мы оказались в большой пещере; я сейчас же понял, что эта «каменноугольная копь» не могла быть прорыта рукой человека: ведь иначе своды были бы снабжены подпорками, а здесь они держались лишь каким-то чудом.

Эта своеобразная пещера имела сто футов в ширину и полтораста в вышину. Грунт её был очень сильно расколот подземными сотрясениями. Твёрдые пласты, уступая мощному давлению, сдвинулись с места, образовав огромное пустое пространство, в которое впервые ныне проникали обитатели Земли.

Вся история каменноугольного периода была начерчена на этих тёмных стенах, и геолог мог легко проследить по каменным слоистым массам различные фазы в развитии земной коры. Угленосные отложения перекрывались слоями песчаника или плотной глины и были как бы придавлены верхними слоями.

В период, предшествовавший вторичной эпохе, Земля, вследствие действия тропической жары и постоянной влажности воздуха, была покрыта чрезвычайно богатой и пышной растительностью. Атмосфера, состоящая из водяных паров, окружала земной шар со всех сторон, застилая свет солнца.

Отсюда и пришли к заключению, что причина высокой температуры кроется не в этом новом источнике тепла. Возможно, что дневное светило в ту эру не было ещё в состоянии выполнять свою блестящую роль. Разделение на климаты ещё не существовало, и палящий зной распространялся по всей поверхности земного шара равно, как у полюсов, так и у экватора. Откуда же этот зной? Из недр земного шара.

Вопреки теориям профессора Лиденброка, в недрах сфероида таился вечный огонь, действие которого чувствовалось в самых верхних слоях земной коры. Растения, лишённые благодетельных лучей солнца, не давали ни цветов, ни аромата, но корни их черпали мощную силу в горячей почве первозданного мира.

Деревьев встречалось мало, лишь травянистые растения, зелёный дёрн, папоротники, ликоподии, сигиллярии, астерофиллиты и другие редкие семейства, роды которых в то время насчитывались тысячами, покрывали земную поверхность.

Именно этой обильной растительности обязан своим возникновением каменный уголь. Растения, унесённые водою, образовали мало-помалу значительные залежи.

Тогда стали действовать естественные химические силы. Растительные залежи на дне морей превратились сначала в торф. Затем, под влиянием газов и брожения, происходила полная минерализация органической массы.

Таким путём образовались огромные пласты каменного угля, которые всё же должны истощиться в течение трёх столетий из-за чрезмерного потребления, если только промышленность не примет необходимых мер.

Так думал я, обозревая угольные богатства, собранные в этом участке земных недр. Богатства эти, конечно, никогда не будут разработаны. Разработка этих подземных копей требовала бы слишком больших усилий. Да и какая в том надобность, если уголь ещё можно добывать в стольких странах у самой поверхности земного шара? Стало быть, эти нетронутые пласты останутся в таком же состоянии, покуда не пробьёт последний час существования Земли.

А мы всё шли и шли. Весь уйдя в геологические наблюдения, я не замечал времени. Температура явно стояла на той же шкале, что и во время нашего пути среди пластов лавы и сланцев. Только мой нос ощущал сильный запах углеводорода. Я тотчас же понял, что в этой галерее скопилось значительное количество опасного, так называемого рудничного, газа, столь часто являвшегося причиной ужасных катастроф.

К счастью, у нас был остроумный прибор Румкорфа. Имей мы неосторожность осматривать эту галерею с факелом в руке, страшный взрыв положил бы конец нашему существованию.

Наше путешествие по угольной копи длилось вплоть до вечера. Дядюшка едва сдерживал своё нетерпение, — он никак не мог примириться с горизонтальным направлением нашего пути. Мрак, столь глубокий, что за двадцать шагов ничего не было видно, мешал определить длину галереи, и мне начинало казаться, что она бесконечна, как вдруг, в шесть часов, мы очутились перед стеной. Не было выхода ни направо, ни налево, ни вверх, ни вниз. Мы попали в тупик.

— Ну, тем лучше! — воскликнул дядюшка. — Я знаю теперь по крайней мере, что следует делать. Мы сбились с маршрута Сакнуссема, и нам остаётся только вернуться назад. Отдохнём ночь, и не пройдёт трёх дней, как мы снова будем у того места, где галерея разветвляется надвое.

— Да, — сказал я, — если у нас хватит сил!

— А отчего же нет?

— Оттого, что завтра у нас не останется ни капли воды.

— И ни капли мужества? — сказал профессор, строго взглянув на меня.

Я не осмелился возражать.

Глава двадцать первая

На следующий день, на рассвете, мы пошли обратно. Необходимо было спешить. Мы находились в пяти днях пути от перекрёстка.

Я не буду распространяться о трудностях нашего возвращения. Дядюшка выносил все тяготы, внутренне негодуя, как человек, вынужденный покориться необходимости; Ганс относился ко всему с покорностью, свойственной его невозмутимому характеру. Что же касается меня, сознаюсь, я предавался сетованиям и отчаянию, теряя бодрость перед лицом такой неудачи.

Как уже упомянуто, вода у нас совершенно вышла к исходу первого дня пути. Нам приходилось для утоления жажды довольствоваться можжевеловой водкой; но этот адский напиток обжигал горло, и даже один его вид вызывал во мне отвращение. Воздух казался мне удушливым. Я выбивался из сил. Порою я готов был лишиться чувств. Тогда делали привал. Дядюшка с исландцем старались ободрить меня. Но я заметил, что сам дядюшка изнемогал от мучительной жажды и усталости.

Наконец во вторник, 8 июля, ползком, на четвереньках, мы добрались, полумёртвые, до скрещения двух галерей. Там я замертво свалился на землю. Было десять часов утра.

Ганс и дядюшка напрасно пытались заставить меня съесть немного сухарей. С моих распухших губ срывались протяжные стоны. Я впал в глубокое забытьё.

Через несколько минут дядюшка подошёл ко мне и, приподняв меня на руках, прошептал с искренней жалостью в голосе:

— Бедный мальчик!

Слова эти тронули меня, ведь суровый профессор не баловал меня нежностями. Я схватил его дрожащие руки. Он не отдёрнул их и посмотрел на меня. На его глазах были слёзы.

Затем он взял фляжку, висевшую у него сбоку, и, к моему великому удивлению, поднёс её к моим губам.

— Пей, — сказал он.

Не ослышался ли я? Не сошёл ли дядюшка с ума? Я посмотрел на него пристально. Я ничего не понимал.

— Пей, — повторил он.

И, взяв фляжку, он вылил мне в рот всю воду, какая оставалась в ней.

Какое наслаждение! Глоток воды освежил мой воспалённый рот. Всего один глоток, но его было достаточно, чтобы оживить меня.

Я горячо поблагодарил дядюшку.

— Да, — сказал он, — последняя капля воды! Понимаешь ли ты? Последняя! Я бережно хранил её в моей фляжке. Двадцать раз, сто раз боролся я со страстным желанием выпить остаток воды! Но, мой Аксель, я хранил эту воду для тебя!

— Милый дядя! — лепетал я, и слёзы текли из моих глаз.

— Да, бедняжка, я знал, что, добравшись до этого перекрёстка, ты упадёшь полумёртвый, и сохранил последние капли воды, чтобы оживить тебя.

— Благодарю, благодарю! — восклицал я.

Как ни скупо была утолена моя жажда, я всё же чувствовал некоторый подъём сил. Мышцы моей гортани, судорожно сведённые, разошлись, сухость губ уменьшилась. Я мог говорить.

— Видите, — сказал я, — у нас нет теперь иного выбора! Вода кончилась. Надо вернуться на землю.

Пока я говорил, дядюшка избегал моего взгляда; он опустил голову, отводил глаза в сторону...

— Надо вернуться! — воскликнул я. — Надо идти обратно к Снайфедльсу, если только Господь Бог даст нам сил добраться до вершины кратера!

— Вернуться! — воскликнул дядюшка, скорее отвечая самому себе.

— Да, вернуться, и не теряя ни минуты.

Последовало довольно долгое молчание.

— Итак, Аксель, — продолжал профессор странным голосом, — несколько капель воды не вернули тебе мужества и энергии?

— Мужества!

— Я вижу, что ты столь же малодушен, как и прежде, и слышу от тебя всё те же слова отчаяния!

С каким же человеком я имел дело и какие планы всё ещё лелеял его дерзкий ум?

— Как, вы не хотите?..

– Отказаться от предприятия в тот именно момент, когда всё указывает на то, что оно может удаться? Никогда!

– Так, значит, нам надо идти на верную гибель?

– Нет, Аксель, нет! Возвращайся на землю! Я не хочу твоей смерти! Пусть Ганс проводит тебя. Оставь меня одного!

– Покинуть вас!

– Оставь меня, говорю я тебе! Я предпринял это путешествие. Я доведу его до конца или не вернусь вовсе... Ступай, Аксель, ступай!

Дядюшка говорил с величайшим раздражением. Его голос, на минуту смягчившийся, снова сделался резким и угрожающим. Он с мрачной энергией хотел одолеть неодолимое! Я не мог покинуть его в глубине этой бездны, а с другой стороны, чувство самосохранения побуждало меня бежать от него.

Проводник понимал, что происходило между нами. Наша жестикуляция указывала достаточно ясно, что спор шёл о выборе дороги, и каждый настаивал на своём; но Ганс, казалось, выказывал мало интереса к вопросу, от которого зависела его собственная жизнь; он был готов по знаку своего господина идти вперёд или же оставаться на месте.

Как же мне заставить его понять меня! Мои слова, мои стенания, самые интонации моего голоса не оказывали влияния на эту холодную натуру. Я хотел внушить нашему проводнику, показать ему со всей ясностью, какая опасность нам грозит. Вдвоём мы, пожалуй, могли бы образумить упрямого профессора и принудить его вернуться. В случае надобности мы снова взберёмся на вершину Снайфедльса!

Я подошёл к Гансу и коснулся его руки. Он был недвижим. Я указал ему на жерло кратера. Он пальцем не пошевелил. На моём лице можно было прочитать все мои страдания. Исландец покачал головой и спокойно указал на дядюшку.

– Master! – сказал он.

– Господин? – вскричал я. – Он безумец! Нет, он не господин твоей жизни! Надо бежать! Надо насильно увести его! Слышишь? Понимаешь ли ты меня?

Я схватил Ганса за руку. Я пытался его поднять. Я боролся с ним. Тут вмешался дядюшка.

— Успокойся, Аксель, — сказал он. — Ты ничего не добьёшься от этого непоколебимого человека. Выслушай, что я хочу тебе предложить.

Я скрестил руки, в упор глядя на дядюшку.

— Отсутствие воды, — сказал он, — вот единственное препятствие для выполнения моих планов. В восточной галерее, среди напластований лавы, сланца и угля, нам не встретилось ни единой капли воды. Но возможно, что нам больше посчастливится в западном туннеле.

Я недоверчиво покачал головой.

— Выслушай меня до конца, — продолжал профессор, возвышая голос. — Пока ты лежал без движения, я исследовал расположение галереи. Она углубляется внутрь земного шара и в несколько часов доведёт нас до гранитной зоны. Там должны быть в изобилии источники. Так подсказывает сама природа скалы, а инстинкт, в согласии с логикой, подтверждает мои наблюдения. Поэтому вот что я предлагаю тебе. Колумб просил у своего экипажа дать ему три дня для открытия Нового Света. Я прошу у тебя ещё только один день. Если в течение этого времени мы не встретим необходимой нам воды, то я клянусь тебе, что мы вернёмся на поверхность Земли.

Несмотря на своё отчаяние, я был тронут этими словами и тем, что дядюшка, держа такие речи, совершал насилие над собой.

— Хорошо! — воскликнул я. — Будь по-вашему, и да вознаградит вас Господь за вашу сверхчеловеческую энергию! Дело в нескольких часах. Итак, вперёд!

ГЛАВА ДВАДЦАТЬ ВТОРАЯ

И вот мы начали спускаться по второй галерее. По обыкновению, Ганс шагал впереди. Мы ещё не прошли и ста метров, как профессор, приблизив лампу к стене, закричал:

— Вот первозданная формация! Мы на верном пути! Вперёд, вперёд!

Когда в первые дни существования мира Земля стала понемногу охлаждаться, уменьшение её объёма производило в земной коре смещения, разломы, растяжения, трещины, пустоты. Сквозной коридор, в который мы только что вступили, и был трещиной такого рода, через которую некогда изливалась изверженная лава. Тысячи подобных щелей образовали в первозданных пластах земной коры безвыходный лабиринт. По мере того как мы спускались, яснее обозначались напластования, характерные для первичной формации. Геология относит к первичной формации глубинные породы, образующие верхнюю оболочку земной коры, и считает, что к таковым относятся три различных группы слоёв — сланцы, гнейсы, слюдяные сланцы, словом, породы, покоящиеся на этой непоколебимой скале, именуемой гранитной.

Никогда минералоги не находились в таких удивительно благоприятных условиях для изучения природы. Мы могли осмотреть собственными глазами и осязать своими руками то, что бур, грубый и бессмысленный инструмент, не в состоянии извлечь из недр Земли.

В слоях сланца самых изумительных зелёных оттенков залегали жилы медной руды, марганцевой руды с прожилками платины и золота. Мне думалось, что алчность людская никогда не воспользуется этими богатствами, скрытыми в недрах земного шара. Низвергнутые в эти бездны в первые дни мироздания, сокровища эти погребены в таких глубинах, что ни мотыгой, ни киркой не вырыть их из могилы.

За сланцами следовали слоистые гнейсы, примечательные правильностью и параллельностью своих листоватых минералов; затем шли большие пласты слюдяных сланцев, привлекавших внимание блеском листов белой слюды.

Свет наших аппаратов, отражённый мелкими гранями скалистой массы, преломлялся под всеми углами, и можно было вообразить, что путешествуешь внутри полого алмаза чистейшей воды и изумительной грани.

К шести часам этот каскад огней стал заметно угасать и вскоре совсем потух, покров стен принял явно кристаллическую структуру и более тёмную окраску; слюда, соединяясь более тесно с полевым шпатом и кварцем, образовала самую твёрдую из всех каменных пород, которая служит надёжной опорой четырём вышележащим формациям земной коры. Мы были замурованы в огромном гранитном склепе.

Восемь часов вечера. Воды всё ещё нет. Мои страдания ужасны. Дядюшка по-прежнему идёт вперёд. Он не желает остановиться. Он прислушивается, ожидая уловить журчание какого-нибудь источника. Напрасно!

А между тем мои ноги отказывались мне служить. Я крепился, чтобы не заставить дядюшку сделать привал. Остановка привела бы его в отчаяние, ведь день приходил к концу, последний день, принадлежавший ему!

Наконец силы меня покинули. Я упал на землю, крикнув:

— Помогите! Умираю!

Дядюшка тотчас же очутился около меня. Он всматривался в моё лицо, скрестив руки; потом с его уст чуть слышно сорвалось:

— Всё идёт прахом!

Неописуемо было его гневное движение; вот всё, что я успел увидеть; мои глаза сомкнулись.

Когда я их снова открыл, я увидел, что мои спутники лежат, завернувшись в одеяла. Неужели они спят? Что касается меня, я уже не мог заснуть. Я слишком страдал, особенно при мысли, что выхода нет! Последние слова дядюшки звучали в моих ушах. Действительно: «Всё идёт прахом!», потому что при моей слабости нечего было и думать подняться на поверхность Земли. Мы находились на глубине, равной полутора милям! Мне казалось, что вся эта масса лежит на моих плечах. Я чувствовал себя раздавленным её тяжестью и тщетно пытался встать.

Так прошло несколько часов. Глубокая тишина царила вокруг нас. Безмолвие могилы. Ни один звук не проникал через эти стены, толщиною по крайней мере в пять миль.

И вдруг мне почудилось сквозь дремоту, что я слышу какой-то шорох. В туннеле было темно. Когда я всмотрелся, мне показалось, что исландец уходит, держа лампу в руках.

Почему он уходит? Неужели Ганс покидает нас? Дядюшка спал. Я хотел крикнуть. Звук не слетал с моих пересохших губ. Мрак стал полным, не слышно было ни малейшего шороха.

«Ганс уходит! Ганс! Ганс!»

Я пытался крикнуть. Но потерял голос. Когда первый припадок ужаса прошёл, я устыдился: как мог я подозревать этого столь честного человека! Быть не может, чтобы он хотел бежать. Ведь он спускался вглубь галереи, а не поднимался наверх. Будь у него дурной умысел, он пошёл бы не вниз, а наверх. Подумав, я несколько успокоился, и у меня блеснула догадка. Ганс, этот уравновешенный человек, конечно, имел основания покинуть своё ложе. Не пошёл ли он на поиски источника? Не услыхал ли он в тишине ночи журчанье, которое ускользнуло от моего слуха?

Глава двадцать третья

Целый час моё возбуждённое воображение было занято поисками причин, которые могли поднять на ноги нашего невозмутимого охотника. Самые нелепые мысли мелькали у меня в голове. Мне казалось, что я схожу с ума!

Наконец послышались шаги из глубин бездны. Ганс возвращался. Слабые блики света забегали по стенам и упали у самого входа в туннель. Показался Ганс.

Он подошёл к дядюшке, положил ему руку на плечо и осторожно разбудил его. Дядюшка вскочил.

— Что случилось?

— Vatten, — ответил охотник.

Надо думать, что под влиянием сильных страданий всякий становится полиглотом. Я не знал ни одного слова по-датски и, однако, инстинктивно понял, что значит слово, сказанное нашим проводником.

— Вода, вода! — воскликнул я, хлопая в ладоши и жестикулируя, как сумасшедший.

— Вода! — повторил дядя. — Hvar? — спросил он исландца.

— Nedat, — ответил Ганс.

«Где?» — «Внизу!» Я понимал всё. Я схватил руку охотника и пожал её, а он преспокойно посмотрел на меня.

Мы живо собрались и вскоре вошли в галерею, наклон которой достигал двух футов на каждый туаз.

Час спустя мы прошли до тысячи туазов и спустились на две тысячи футов.

В эту минуту я ясно услыхал какой-то необычайный звук в гранитной стене, как бы глухой рокот отдалённого грома. Не встречая обещанного источника в первые же полчаса, я снова почувствовал тревогу; но дядюшка объяснил мне происхождение доносившегося до нас гула.

— Ганс не ошибся, — сказал он, — то, что ты слышишь, это рёв потока.

— Потока? — воскликнул я.

— Вне всякого сомнения. Здесь, рядом с нами, течёт подземная река!

Подгоняемые надеждой, мы ускорили свой шаг. Я не чувствовал более усталости. Уже одно журчание освежало меня. Шум заметно усиливался. Долгое время горный ручей рокотал где-то над нашими головами, теперь же его рёв и клокотанье слышалось в толще левой стены. Я нервно проводил рукой по её скалистому покрову, но тщетно.

Прошло ещё полчаса. Ещё полмили было пройдено.

Было очевидно, что охотник в то короткое время, что он отсутствовал, не мог уйти далеко. Руководимый чутьём, свойственным горцам, узнающим присутствие ключей в почве, он «почуял» этот поток сквозь скалу, но, конечно, не набрёл на драгоценную влагу и не утолил ею своей жажды.

Вскоре даже оказалось, что если мы будем идти дальше, мы опять отдалимся от ручья, потому что журчание его начинало ослабевать.

Мы вернулись назад; Ганс остановился как раз у того места, где поток слышался яснее всего.

Я сел около стены, а за стеной, в двух футах от меня, клокотал ручей. Но нас всё ещё отделяла от него гранитная стена.

Тщетно размышляя, тщетно раздумывая, есть ли какой-нибудь способ добыть эту воду, я затем предался отчаянию.

Ганс взглянул на меня, и мне показалось, что у него на губах мелькнула улыбка.

Он встал и взял лампу. Я последовал за ним. Он подошёл вплотную к стене.

Я следил, ожидая, что он будет делать. Он прикладывал ухо к холодному камню в разных местах стены и внимательно прислушивался. Я понял, что он искал точку, где именно журчание потока раздаётся с наибольшей отчётливостью. Он нашёл это место в левой стене, на расстоянии трёх футов от земли.

Как я был потрясён! Я не смел и подумать о том, что собирается предпринять охотник! Но я не мог не понять его, не поздравить и не осыпать его похвалами, когда увидел, что он взялся за кирку, чтобы пробить скалу.

— Спасены! — воскликнул я.

— Да! — повторял дядюшка в неистовстве. — Ганс прав! Молодчина охотник! Мы бы не додумались до этого!

Ещё бы! Такое средство, как ни просто оно, не пришло бы нам на ум. Но ведь было в высшей степени рискованно долбить киркой эти устои земного шара! Мог произойти обвал, и мы погибли бы под грудой камня! Поток, прорвавшись сквозь отверстие в скале, мог поглотить нас! Эти опасности не были пустой игрой воображения; но в эту минуту боязнь обвала или наводнения не могла остановить нас, а жажда наша была столь сильна, что мы не устрашились бы опуститься на дно океана, чтобы утолить её!

Ганс принялся за работу, которая была бы не под силу ни дядюшке, ни мне. Нетерпение управляло бы нашей рукой, и скала под беспорядочными ударами разлеталась бы в куски. Проводник же, напротив, спокойно и осторожно долбил скалу частыми, но короткими ударами, и продолбил отверстие шириной в шесть дюймов. Шум потока становился всё явственнее, и мне казалось, что я уже чувствовал на своих губах его живительную влагу.

Вскоре кирка проникла в гранитную стену на два фута. Работа продолжалась уже больше часа. Я дрожал от нетерпения! Дядюшка хотел было приняться за дело более решительно. Я с трудом удерживал его; и он уже взялся за кирку, когда вдруг послышался какой-то свист. Струя воды прорвалась сквозь отверстие и ударила о противоположную стену.

Ганс, едва не опрокинутый силой удара, вскрикнул от боли. Я понял, чем был вызван этот крик, когда, подставив руки под струю, я в свою очередь не удержался от крика. Источник был горячий.

– Температура воды градусов сто! – воскликнул я.

– Ничего, она остынет, – ответил дядюшка.

Галерея наполнилась водяными парами, и тут же образовался ручей, сбегавший вниз извилинами; вскоре мы смогли зачерпнуть из него воды и напиться.

Ах, какая радость! Какое несравненное наслаждение! Откуда эта вода? Что это за вода? Всё было безразлично. Это была вода, хотя и тёплая, но она возвращала нам угасавшую жизнь. Я пил, не отрываясь, даже не замечая её вкуса.

Только насладившись как следует, я через минуту воскликнул:

– Да ведь вода железистая!

– Превосходная, полезная для желудка вода, – возразил дядюшка. – Она содержит много железа и заменила бы поездки в Спа или Теплиц!

– А как вкусно-то!

– Охотно верю! Ведь это вода, добытая на глубине двух миль под землёй! У неё чернильный привкус, но в этом нет ничего неприятного. Ганс добыл для нас превосходный источник! И я предлагаю поэтому назвать его именем спасительный ручей.

– Согласен! – воскликнул я.

И название Hans-bach[1] было тотчас же принято.

Ганс не возгордился этим. Освежившись немного, он с обычным спокойствием сел в углу.

– А теперь, – сказал я, – следует хорошенько запастись водой.

– Для чего? – возразил дядюшка. – Я полагаю, что источник неистощим.

– Всё равно! Наполним наш мех и фляжки, а потом попробуем заткнуть отверстие.

Последовали моему совету. Ганс попытался с помощью гранитных осколков и палки заделать пробитую в стене дыру. Это было нелегко. Мы обжига-

[1] Ручей Ганса (*нем.*).

ли руки, не достигая цели. Давление было слишком сильно, и наши усилия не увенчались успехом.

— Очевидно, исток этого ручья расположен очень высоко, судя по напору струи.

— Без сомнения, — ответил дядюшка. — Если эта струя воды падает с высоты тридцати двух тысяч футов, то давление равняется тысяче атмосфер. Но вот что мне пришло в голову...

— Что?

— Зачем мы так упорно хотим заделать отверстие?

— Да затем...

Я затруднялся найти причину.

— Когда наши фляжки будут пусты, сможем ли мы наполнить их снова?

— Очевидно, нет.

— Так дадим этой воде течь свободно! Она естественно потечёт вниз, будет указывать нам дорогу и вместе с тем освежать!

— Хорошая мысль! — воскликнул я. — Если этот ручей будет нашим спутником, у нас появится больше оснований надеяться на успех нашего путешествия.

— А! Теперь и ты приходишь к тому же заключению, мой мальчик, — сказал, улыбаясь, профессор.

— Ещё лучше, я уже пришёл.

— Не торопись! Сперва отдохнём несколько часов.

Действительно, я совсем забыл, что была ночь. Хронометр указал мне на это обстоятельство. Вскоре, достаточно подкрепившись и отдохнув, мы погрузились в глубокий сон.

ГЛАВА ДВАДЦАТЬ ЧЕТВЁРТАЯ

На следующее утро мы уже забыли о перенесённых страданиях. Проснувшись, я был удивлён, что не томлюсь более жаждой, и искал тому причину. Ручей, который, журча, струился у моих ног, дал мне ответ.

Мы позавтракали и напились превосходной железистой воды. Я чувствовал себя снова совершенно бодрым и твёрдо решил идти дальше. Отчего бы такому убеждённому человеку, как дядюшка, с таким находчивым проводником, как Ганс, и с таким «сорвиголова» племянником, как я, не достигнуть цели? Вот какие прекрасные мысли рождались в моём мозгу! Если бы мне сделали предложение вернуться на вершину Снайфедльс, я отверг бы его с негодованием. Но речь шла, к счастью, только о схождении.

– Вперёд! – воскликнул я, будя своим восторженным возгласом древнее эхо земного шара.

В пятницу, в восемь часов утра, путешествие возобновилось. Гранитный извилистый коридор, петляя, представлял собою сложную путаницу лабиринтов и неожиданно заводил в тупики, но в общем главное его направление было на юго-восток. Дядя усердно наблюдал за компасом, чтобы иметь ясное представление о пройденном пути.

Галерея шла почти горизонтально, понижаясь не более как на два дюйма через каждый туаз. Ручей мирно продолжал свой путь по узкой галерее. Он представлялся мне каким-то добрым духом, сопутствующим нам в наших блужданиях по кругам земного шара; и моя рука ласкала хладную наяду, чья песенка звучала в лад с нашими шагами. В моём воображении всё принимало радужную мифологическую окраску.

Что касается дядюшки, он проклинал горизонтальность направления, ибо был «поклонником вертикали». Путь, по которому следовал дядюшка, тянулся бесконечно в одном направлении; и вместо того чтоб спускаться по радиусу Земли, дядюшка шёл, как он выражался, по гипотенузе. Но у нас не было другого выбора, и пока мы приближались хоть медленно к центру Земли, не приходилось жаловаться.

Однако время от времени наклон увеличивался; ручей, журча, струился по галерее, и мы вместе с ним спускались в глубины.

В общем, и в этот день и в следующий дорога шла большей частью в горизонтальном направлении и сравнительно мало в вертикальном.

В пятницу, 11 июля, вечером мы должны были, по нашим расчётам, находиться в тридцати лье к юго-востоку от Рейкьявика и на глубине двух с половиной лье под Землёй.

Но тут у нас под ногами разверзлась бездна. Дядюшка невольно захлопал в ладоши, обрадовавшись крутизне её ската.

– Вот что нас поведёт к цели! – воскликнул он. – И без труда, ведь выступы скалы образуют настоящую лестницу!

Мы начали спускаться. Я не считал это опасным, так как свыкся уже с подобными упражнениями. К тому же Ганс при спуске так приладил верёвки, что исключалась возможность несчастья.

Эта шахта представляла собою пробитую в массиве узкую расселину, называемую «взбросом». Она, очевидно, образовалась благодаря сжатию земной коры в эпоху остывания Земли. Если она служила некогда выводным каналом для веществ, извергаемых Снайфедльсом, то для меня было неясно, почему разрушительные действия вулканических извержений не оставили в ней никакого следа. Мы спускались словно по винтовой лестнице, которую можно было счесть за творение человеческих рук.

Через каждые четверть часа приходилось останавливаться, чтобы дать хорошенько отдохнуть ногам. Тогда мы садились на какой-нибудь выступ и, свесив ноги, болтали, закусывали и пили воду из ручья.

Само собой разумеется, что ручей Ганса обратился в водопад и уменьшился при этом в объёме, но воды в нём всё же было более чем достаточно для утоления нашей жажды; впрочем, как только скат становился пологим, ручей начинал по-прежнему тянуть свою песню. В эти минуты в моём воображении рисовался образ невозмутимого охотника за гагарами, тогда как, срываясь каскадами с крутизны, ручей напоминал мне моего достойного дядюшку в разгневанном состоянии.

Двенадцатого и тринадцатого июля мы шли по спиралям этой трещины и проникли ещё на два лье вглубь земной коры, что составляло свыше пяти лье ниже уровня моря. Но 14-го около полудня трещина приняла направление к юго-востоку, с более отлогим наклоном, приблизительно в сорок пять градусов.

Отсюда дорога стала ровной и совершенно однообразной. Иного трудно было бы и ожидать. В такой местности и не могло быть никакого разнообразия.

Наконец, в среду 16-го, мы находились на глубине семи лье под Землёй и на расстоянии свыше пятидесяти лье от Снайфедльса. Хотя мы и были несколько утомлены, наше здоровье не оставляло желать ничего лучшего, и дорожная аптека ещё не раскрывалась.

Дядюшка записывал ежечасно показания компаса, хронометра, манометра и термометра, которые впоследствии он думал опубликовать в научных записках о своём путешествии. Поэтому он мог дать себе точный отчёт в настоящем положении. Когда он сообщил мне, что мы отошли в горизонтальном направлении на пятьдесят лье, я не мог удержаться от восклицания.

– Что с тобой? – спросил он.

– Ничего, я только сообразил...

– Что, друг мой?

– А то, что если ваши вычисления правильны, то мы уже вышли за пределы Исландии.

– Ты думаешь?

– Мы можем легко в этом убедиться.

Я отмерил циркулем по карте нужное расстояние.

– Я не ошибся, – сказал я, – мы миновали мыс Портланд и, сделав пятьдесят лье в юго-восточном направлении, находимся теперь под водой.

– Под водой, – повторил дядюшка, потирая руки.

– Стало быть, – воскликнул я, – над нашими головами океан!

– Да, это весьма естественно, Аксель! Разве каменноугольные копи в Ньюкасле не лежат под водными потоками?

Профессор, конечно, находил наше положение весьма простым, но мысль, что я разгуливаю под дном океана, всё же немного меня беспокоила. Впрочем, простирались ли над нашей головой равнины и горы Исландии или же бушевали волны Атлантического океана, какое это имело значение? Только бы гранитные устои были прочны! Однако я скоро свыкся с этой мыслью, потому что галерея, то прямая, то извилистая, с неожиданными поворотами и обрывами, вела нас всё время к юго-востоку и на большую глубину.

Через четыре дня, в субботу 18 июля, мы пришли к вечеру в какой-то просторный грот; дядюшка вручил Гансу его еженедельные три рейхсталера, и было решено, что завтра день отдыха.

Глава двадцать пятая

Я проснулся в воскресенье утром с обычной мыслью, что надо немедля отправляться в путь. И хотя мы находились в глубочайших безднах, всё же сознавать это было приятно. Впрочем, мы уже стали настоящими троглодитами. Я не вспоминал больше о солнечном и лунном сиянии, о звёздах, о деревьях, домах, городах, о всех тех земных благах, которые были для жителей подлунного мира необходимостью. В качестве ископаемых мы пренебрегали этими дарами.

Грот представлял собою просторную залу. По его гранитной поверхности мирно протекал наш верный ручей. На таком расстоянии от истоков температура воды в нём сравнялась с температурой окружавшей её среды и вода стала вполне пригодна для питья.

После завтрака профессор в течение нескольких часов приводил в порядок свои ежедневные записи.

– Итак, – сказал он, – я начну с вычислений, чтобы точно определить, где мы находимся; по возвращении я собираюсь начертить карту нашего путешествия, представив схематическим рисунком строение Земли в профильном разрезе, что даст представление о том, какой путь проделала наша экспедиция.

– Это весьма любопытно, дядюшка, но будут ли ваши записи достаточно точны?

– О да! Я тщательно измерил величину углов. Я уверен, что не ошибся. Определим сначала, где мы находимся. Возьми компас и посмотри, какое направление он указывает.

Я посмотрел на прибор и, проверив своё наблюдение, ответил:

– Восток-юго-восток.

– Отлично! – сказал профессор, записывая указание и быстро произведя какие-то вычисления, из которых я узнал, что мы, оказалось, прошли восемьдесят пять лье.

– Значит, мы путешествуем под Атлантическим океаном?

– Совершенно верно.

– И в настоящую минуту, быть может, над нашей головой бушует буря и корабли борются с морской стихией?

— Весьма возможно.

— И киты ударяют своими хвостами о стены нашей темницы?

— Успокойся, Аксель, им не удастся поколебать её стен. Но вернёмся к нашим вычислениям. Мы находимся на юго-востоке, в восьмидесяти пяти лье от Снайфедльса и, согласно моим записям, на глубине шестнадцати лье от земной поверхности.

— Шестнадцати лье! — воскликнул я.

— Конечно.

— Да ведь это, согласно науке, предел нижнего слоя земной коры.

— Не отрицаю.

— И, по закону возрастания температуры, тут должна бы быть жара в тысячу пятьсот градусов.

— Должна бы, мой мальчик!

— И вся эта гранитная твердыня должна была бы расплавиться!

— Ты видишь, что ничего этого нет и что факты, как бывает часто, опровергают теорию.

Я принуждён согласиться, но это поражает меня.

— Что показывает термометр?

— Двадцать семь и шесть десятых градуса.

— Значит, для подтверждения теории учёных не хватает ещё тысячи четырёхсот семидесяти четырёх и четырёх десятых градуса. Следовательно, пропорциональное повышение температуры — ошибка! Следовательно, Хемфри Дэви не заблуждался! Следовательно, я был прав, веря ему! Что ты можешь возразить на это?

— Увы, ничего!

Правду сказать, я мог бы многое возразить. Я решительно отвергал теорию Дэви и твёрдо держался теории центрального огня, хотя и не замечал его проявлений. Я допускал скорее, что это жерло потухшего вулкана, перекрытое огнеупорной лавой, которая не позволяла жару проникать через свои стены.

Но, не пускаясь в долгие размышления, я ограничился признанием существующего положения вещей.

— Дорогой дядюшка, — продолжал я. — Допустим, что все ваши вычисления точны, но позвольте мне вывести из них неизбежное заключение.

— Валяй, мой мальчик, сколько душе твоей угодно.

– В той точке, где мы находимся, под широтами Исландии, земной радиус равен приблизительно одной тысяче пятистам восьмидесяти трём лье, не так ли?

– Да, тысяче пятистам восьмидесяти трём...

– Скажем, круглым счётом, тысяче шестистам. Из них мы прошли двенадцать лье.

– Правильно.

– И это при диагонали в восемьдесят пять лье?

– Именно так.

– Пройденных в двадцать дней?

– В двадцать дней!

– Но шестнадцать лье составляют сотую часть земного радиуса. Если и далее мы будем так подвигаться, то нам понадобится ещё две тысячи дней или около пяти с половиной лет, чтобы попасть к центру Земли.

Профессор не отвечал.

– И это не принимая в расчёт того, что если спуску по вертикальной линии в шестнадцать лье соответствует переход по горизонтальной линии в восемьдесят, то это составит восемь тысяч лье в юго-восточном направлении, и, следовательно, нужно очень много времени, чтобы добраться с какой-либо точки земной поверхности до центра.

– К чёрту твои вычисления! – вскричал разгневанный дядюшка. – К чёрту твои гипотезы! На чём они основаны? Кто тебе сказал, что эта галерея не ведёт прямо к нашей цели? А затем в мою пользу говорит пример нашего предшественника. То, что делаю я, уже сделал другой, и то, что удалось ему, удастся также и мне.

– Надеюсь, но ведь мне всё же разрешается...

– Тебе разрешается молчать, Аксель, если ты намерен продолжать свои благоглупости!

Я видел, что в дядюшке снова заговорил раздражительный профессор, и принял это к сведению.

– А теперь, – продолжал он, – взгляни-ка на манометр. Что он указывает?

– Весьма значительное давление.

– Хорошо! Ты видишь, что если спускаться постепенно, то привыкаешь к более плотной атмосфере и ничуть от этого не страдаешь.

— Ничуть, если не считать боли в ушах.

— Это пустяки, и ты можешь легко избавиться от этого, участив дыхание и тем ускорив обмен воздуха в лёгких.

— Хорошо, — ответил я, решив больше не противоречить дядюшке. — Есть даже известное удовольствие в том, что погружаешься в более плотную атмосферу. Заметили ли вы, с какой силой в ней распространяется звук?

— Несомненно! Тут и глухой стал бы отлично слышать.

— Но эта плотность, конечно, будет возрастать?

— Да, согласно закону, ещё недостаточно точно установленному. Известно, что сила тяготения уменьшается по мере углубления в Землю. Ты знаешь, что её действие всего ощутительнее на поверхности Земли и что в центре земного шара предметы не имеют веса.

— Я знаю это; но скажите, не приобретает ли воздух в конце концов плотность воды?

— Несомненно, под давлением в семьсот десять атмосфер.

— А ниже этого предела?

— Плотность будет неизменно возрастать.

— Как же мы будем тогда спускаться?

— Мы наложим в карманы камни.

— Право, дядюшка, у вас на всё есть ответ!

Я не смел больше забегать вперёд; я рисковал натолкнуться ещё на какую-нибудь преграду, которая вывела бы из себя профессора.

Однако было ясно, что под давлением, которое могло подняться до нескольких тысяч атмосфер, воздух перешёл бы, наконец, в твёрдое состояние, а тогда, допуская даже, что наши тела и выдержали бы такое давление, всё же пришлось бы остановиться.

Но я не привёл этого довода. Дядюшка снова стал бы козырять своим вечным Сакнуссемом — пример отнюдь не убедительный, так как, даже признавая факт путешествия учёного исландца, можно было бы привести очень простое возражение.

В шестнадцатом веке ни барометр, ни манометр не были ещё изобретены — как же мог Сакнуссем установить, что он дошёл до центра земного шара?

Но я оставил это возражение при себе и выжидал событий.

Остальная часть дня прошла в вычислениях и разговорах. Я соглашался во всём с профессором Лиденброком и завидовал полному безучастию Ганса, который, не разбирая причин и следствий, слепо шёл туда, куда его вели обстоятельства.

ГЛАВА ДВАДЦАТЬ ШЕСТАЯ

Сознаюсь откровенно, до сих пор всё шло хорошо, и я не имел права жаловаться. Если «в среднем» трудности не станут увеличиваться, то ничто не помешает нам достичь нашей цели. А тогда — какая слава! Я дошёл до того, что рассуждал вроде Лиденброка. Удивительно! Неужели в этом сказывалось влияние необычайной среды, в которой я жил? Может быть.

В продолжение нескольких дней более крутая дорога, иногда даже ужасающе отвесная, завела нас глубоко в недра Земли. В иные дни мы проходили от одного до двух лье. Спуск был опасен, но ловкость и удивительное хладнокровие Ганса приходили нам на помощь. Этот исландец, никогда не терявший присутствия духа, оберегал нас с неизменной преданностью, и благодаря ему мы преодолели много трудностей, а это нам одним было бы не под силу.

Кстати, его молчаливость возрастала изо дня в день. Мне даже казалось, что он стал дичиться нас. Внешняя обстановка безусловно воздействует на мозг. Человек, который замыкается между четырёх стен, утрачивает в конце концов способность владеть мыслью и словом. От долгого пребывания в одиночном заключении человек тупеет или становится сумасшедшим, не упражняя своих мыслительных способностей!

Прошло две недели после нашего последнего разговора, и за это время не произошло никаких событий, сколько-нибудь примечательных. Я припоминаю, и не без основания, лишь один значительный случай. Он слишком дорого мне обошёлся, чтобы я мог забыть хотя бы малейшую его подробность.

Седьмого августа мы постепенно достигли глубины в тридцать лье, иначе говоря, над нашей головой нависла земная кора в тридцать лье толщи, со скалами, океаном, материками и городами. Мы были в это время, должно быть, на расстоянии двухсот лье от Исландии.

Теперь наклон туннеля едва чувствовался. Я шёл впереди, дядюшка нёс один из аппаратов Румкорфа, я другой. Я изучал гранитные стены и вдруг, оглянувшись, заметил, что остался один.

«Пустяки, — подумал я, — или я слишком быстро шёл, или же Ганс и дядя остановились. Нужно их отыскать. К счастью, подъём не крутой».

И я вернулся обратно. Я шёл четверть часа. Я оглядывался. Ни души! Я стал кричать. Никакого ответа! Голос мой терялся, сливаясь с многоголосым эхом. Беспокойство стало овладевать мною. Я дрожал с ног до головы. «Спокойствие прежде всего! — сказал я громко. — Я непременно найду моих спутников. Дорога только одна! Я шёл впереди, вернусь обратно».

Целых полчаса я шёл в обратном направлении. Я прислушивался, не позовут ли меня. При такой плотной атмосфере я мог уже издали услышать голоса. Мёртвая тишина царила в бесконечной галерее.

Я остановился. Мне не верилось, что я нахожусь в полном одиночестве. Мне хотелось думать, что я заблудился, а не потерялся. А если я заблудился, то мы снова найдём друг друга!

Я беспрестанно повторял себе: «Раз дорога только одна, раз они идут по ней, я должен их нагнать. Нужно только идти назад! Впрочем, не видя меня и забыв, что я шёл впереди, они, может быть, вздумали тоже вернуться назад? Ну что ж! Даже в таком случае, стоит лишь поспешить, я нагоню их. Это ясно!»

Я повторил последние слова, далеко не убеждённый в их правоте. Впрочем, мне понадобилось немало времени, чтобы довести до сознания эти столь простые вещи и поверить в них.

Сомнение овладевало мною. Действительно ли я шёл впереди? Конечно! Ганс следовал за мною, а за ним дядюшка. Он даже остановился на несколько минут, чтобы лучше укрепить на спине свою ношу. Я припомнил всё это. Вероятно, именно в это время я ушёл далеко вперёд.

«Впрочем, — подумал я, — у меня ведь есть надёжное средство не заблудиться — мой верный ручей укажет мне путь в этом коварном лабиринте. Мне нужно идти вверх по его течению, и я обязательно найду своих спутников».

Я ободрился и снова двинулся в путь, не теряя ни минуты времени.

Как я хвалил теперь предусмотрительность дядюшки, не позволившего охотнику заделать отверстие, пробитое в гранитной стене! Ведь этот благодетельный источник, подкреплявший нас в дороге, теперь будет моим поводырём по лабиринтам земной толщи.

Прежде чем идти дальше, я захотел немного освежиться. Я нагнулся, чтобы окунуть лицо в ручей Ганса. Представьте себе мой ужас!

Я коснулся сухого и шершавого гранита! Ручей уже не протекал у моих ног!

ГЛАВА ДВАДЦАТЬ СЕДЬМАЯ

Отчаяние моё было неописуемо. На человеческом языке нет слов, чтобы передать мои чувства. Я был погребён заживо; мне грозила смерть от мук голода и жажды.

Невольно я прикасался горячими руками к земле. Какой сухой показалась мне эта скала!

Но как мог я потерять русло ручья? Ручей исчез! Теперь я понял причину той необыкновенной тишины, поразившей меня, когда в последний раз прислушивался, не донесётся ли зов моих спутников. Значит, когда я сделал первый неосторожный шаг по этому пути, я не заметил, что ручей исчез! Очевидно, дорога передо мной разветвилась, и я избрал одно направление, в то время как ручей Ганса безмятежно следовал по своему пути и вместе с моими спутниками устремлялся в неведомые глубины.

Как же вернуться? Никаких следов не было. На граните нога не оставляла отпечатка. Я ломал себе голову, стараясь найти решение этой неразрешимой задачи. Моё положение выражалось одним словом: конец!

Да, погиб в пропасти, казавшейся неизмеримой! Страшная тяжесть земной коры, в тридцать лье толщи, обрушивалась на меня. Я чувствовал себя раздавленным ею. Невольно мои мысли обратились к земным воспоминаниям. В моём взволнованном сознании быстро пронеслись Гамбург, дом на Королевской улице, моя бедная Гретхен, весь тот мир, от которого я оторвался! Я грезил наяву: все события нашего путешествия — морской путь,

Исландия, встреча с г-ном Фридриксоном, Снайфедльс — я всё пережил сызнова. Я говорил себе, что если бы я в моём положении мог сохранить хотя бы тень надежды, это было бы признаком сумасшествия, и что лучше было бы совершенно потерять всякую надежду!

В самом деле, какая человеческая сила могла вывести меня на поверхность Земли или раздвинуть эти гранитные своды, нависшие над моей головой? Кто мог направить меня на обратный путь и свести с моими спутниками?

«Ах, дядюшка, дядюшка!» — с отчаяньем вскричал я.

Это было единственным упрёком, который вырвался у меня, ибо я понимал, что должен был испытывать этот несчастный человек, в свой черёд отыскивая меня.

Поняв, наконец, что нечего надеяться на человеческую помощь, лишённый возможности предпринять что-либо для своего спасения, я подумал о помощи неба. В моей памяти воскресли воспоминания детских лет, воспоминания о моей матери, которую я потерял в самые ранние годы своей жизни. Я стал молиться, хотя и не мог претендовать на то, чтобы Бог, к которому я так поздно обратился, услышал мою горячую мольбу.

Воззвав к небу, я несколько успокоился и сосредоточил все свои душевные силы на том, чтобы ещё раз обдумать моё трагическое положение.

Съестных припасов у меня оставалось ещё на три дня, и фляжка ещё была полна. А там конец. Но куда идти, вверх или вниз? Вверх, всё вверх!

Так я доберусь до того места, где отклонился от источника, до злополучного разветвления.

Теперь, раз ручей будет моим путеводителем, я могу, поднимаясь всё время вверх, достичь вершины Снайфедльс.

Как же раньше я не подумал об этом? Ведь тут, очевидно, и крылась надежда на спасение. Итак, прежде всего нужно было найти ручей Ганса.

Я встал и, опираясь на палку, пошёл вверх по галерее. Подъём был довольно крутой. Я шёл, полный надежды, без колебаний, как человек, у которого нет выбора.

Я шёл уже полчаса и не встретил никаких препятствий. Я старался узнать дорогу по расположению туннеля, по выступам некоторых скал, по особенностям поворотов. Но мне не бросилось в глаза ни одного характерного признака, и я вскоре понял, что эта галерея не может довести меня до разветвления. Она не имела выхода. Я наскочил на непроницаемую стену и упал на гранитный покров галереи.

Я не в состоянии изобразить того ужаса, того отчаяния, которые охватили меня. Я был уничтожен. Моя последняя надежда разбилась об эту гранитную стену.

Заблудившись в лабиринте, извилистые ходы которого пересекались во всех направлениях, я видел, что все попытки вырваться отсюда останутся безуспешными. Предстояло умереть самой жалкой смертью! И, удивительная вещь, я сразу же представил себе, какие возникнут научные споры, если когда-нибудь найдут мой окаменелый труп на глубине тридцати лье под поверхностью Земли!

Я хотел услышать свой голос, но лишь хриплые звуки срывались с моих пересохших губ. Я задыхался.

В довершение меня постигла новая беда! Моя лампа испортилась при падении. Я не был в состоянии исправить её. Свет тускнел и грозил погаснуть!

Я видел, как электрический ток становился всё слабее в спирали аппарата. Вереницы зыбких теней замелькали на тёмных стенах. Я не решался закрыть глаза, боясь потерять малейший атом угасающего света! Каждое мгновение мне казалось, что лампа гаснет и «вечная ночь» уже охватывает меня.

Вот и последняя вспышка света. Я следил, как свет меркнет, ловил его угасание, сосредоточивал на нём всю силу зрения, как на последнем доступном мне ощущении, и вдруг погрузился в непроглядный мрак. Я дико крикнул! Там, на Земле, даже во тьме ночи, свет никогда не теряет вполне своих прав! Он рассеян, он слаб, но сетчатая оболочка глаза всё же ощущает его! А здесь – ничего! Глубокий мрак обращал меня в слепого в полном смысле этого слова!

Тут я вовсе потерял голову. Я поднялся, вытянув руки, мучительно пытаясь нащупать путь. Я пустился бежать наугад по этому запутанному лабиринту, как пещерный житель, призывая, крича, рыдая, ударяясь о выступы скал, падая и вставая, окровавленный, слизывая капли крови, стекавшие с моего лица, и всё ожидая, что натолкнусь на какую-нибудь стену, о которую можно разбить голову!

Куда увлекало меня моё безумие? Я сам этого не знал! Через несколько часов, совершенно выбившись из сил, я упал замертво около гранитной стены и потерял сознание!

ГЛАВА ДВАДЦАТЬ ВОСЬМАЯ

Когда я пришёл в себя, моё лицо было мокро от слёз. Сколько времени находился я в таком состоянии, не могу сказать. Я потерял всякое представление о времени. То было полное одиночество, полная беспомощность.

Во время падения я потерял много крови. Я буквально истекал кровью! Ах, как я горевал, что не умер, что мне ещё «предстоит умереть»! Я не хотел больше думать. Я отгонял от себя всякую мысль и, подавленный горем, валялся на земле.

Я уже чувствовал, что снова близок к обмороку, а там и к окончательному исчезновению, как вдруг послышался ужасающий грохот, поразивший мой слух. Казалось, я слышал раскаты грома; звуковые волны терялись понемногу в глубинах бездны.

Что породило этот шум? Несомненно, какая-нибудь катастрофа в недрах Земли! Взрыв газа или падение огромной скалы.

Я прислушивался. Я ждал, не повторится ли шум.

Так прошло четверть часа. Полнейшая тишина царила в галерее. Я не слышал даже биения моего сердца. Вдруг мне почудилось, когда я случайно приложил ухо к стене, что откуда-то, издалека, доносятся человеческие голоса. Я задрожал.

«Галлюцинация!» — подумал я.

Нет! Прислушиваясь, я действительно услышал какой-то шёпот. Но разобрать, что говорилось, не позволяла моя слабость. Но я слышал голоса. В этом я был уверен.

На минуту я испугался, не мой ли то был голос, повторённый эхом? Не закричал ли я, сам того не сознавая? Я затаил дыхание и вновь приложил ухо к стене.

Да, конечно, это голоса, человеческие голоса.

Пройдя несколько шагов вдоль стены, я стал слышать яснее. Мне удалось разобрать невнятные, незнакомые слова. Казалось, кто-то шептался за стеной. Чей-то печальный голос чаще всего произносил слово «förlorad»[1].

[1] Погиб (*датск.*).

Кто его произносил? Очевидно, Ганс или дядюшка. Но если я слышал их голоса, то и они могли меня услышать.

— Помогите! — закричал я что было сил. — Помогите!

Я прислушался, стараясь уловить ответ, крик, вздохи. Ни звука! Прошло несколько минут. Тысячи мыслей проносились в моей голове. Я подумал, что мой голос, вероятно, слишком слаб, чтоб дойти до моих спутников.

«Ведь это, конечно, они, — повторял я. — Кто же ещё может быть здесь, на глубине тридцати лье под Землёй?»

Я прислушался снова. Водя ухом по стене, я нашёл математическую точку, где голоса, по-видимому, достигали высшей степени силы. До моего слуха снова донеслось слово «förlorad»; потом раздался всё тот же раскат грома, какой вывел меня только что из оцепенения.

«Нет, — сказал я себе, — нет! Голоса слышны не из-за стены. Гранитная стена не пропустила бы даже гораздо более сильного звука. Звуки проходят по самой галерее! Тут своеобразное, чисто акустическое явление!»

Я стал прислушиваться, и на этот раз — да, на этот раз! — услышал своё имя, отчётливо произнесённое!

Дядюшка называл моё имя. Он говорил с проводником, и слово «förlorad» было датское слово!

Теперь я понял всё. Для того чтобы они услышали меня, надо говорить у самой стены, которая передаст мой голос, как провод передаёт электрический ток.

Нельзя было терять времени! Отойди мои спутники хоть на короткое расстояние, акустическое явление могло исчезнуть. Я подошёл вплотную к стене и произнёс возможно отчётливее:

— Дядя Лиденброк!

Я стал ждать с величайшим нетерпением. Передача звука на расстояние требует известного времени. Плотность воздуха увеличивает только его силу, а не скорость. Прошло несколько секунд. Целая вечность! Наконец до моего слуха донеслись следующие слова:

— Аксель, Аксель, это ты?..

— Да, да!

— Дитя моё, где ты?..

— Я заблудился! Стоит тьма кромешная!

— А лампа?

– Погасла...

– А ручей?..

– Исчез...

– Аксель, бедный Аксель, мужайся!..

– Погодите немного, я устал! У меня нет сил отвечать. Но говорите со мною!..

– Мужайся, – продолжал дядюшка. – Ничего не отвечай, слушай меня. Мы искали тебя, ходили вверх и вниз по галерее, но не могли тебя найти! Я горько оплакивал тебя, моё дитя! Наконец, предполагая, что ты идёшь вдоль ручья Ганса, мы пошли прежней дорогой, мы стреляли из ружей! Хотя наши голоса благодаря своеобразной акустике и слышны, но соединиться мы ещё не можем. Но не отчаивайся, Аксель! Мы слышим друг друга, а это уже что-нибудь да значит!..

Надо было что-то предпринять! Смутная надежда пробудилась во мне. Прежде всего нужно было выяснить одно важное обстоятельство. Я приложил губы к стене и крикнул:

– Дядя!..

– Что, дитя моё?

– Скажи, как далеко мы друг от друга?..

– Это не трудно узнать...

– Хронометр цел?..

– Да...

– Возьмите его. Произнесите моё имя и точно заметьте время, когда начнёте говорить. Я повторю его, как только звук дойдёт до меня, и вы так же точно отметьте, с какой скоростью мой ответ дойдёт до вас...

– Хорошо! Время, прошедшее между моим вопросом и твоим ответом, укажет, во сколько секунд звук доходит до тебя...

— Да, дядя...

— Ты готов?..

— Да...

— Теперь будь внимателен, я произношу твоё имя...

Я приложил ухо к стене и, как только слово «Аксель» достигло моего слуха, немедленно повторил его, потом стал ждать...

— Сорок секунд! — сказал дядюшка. — Между вопросом и ответом прошло сорок секунд; следовательно, звук донёсся до меня в двадцать секунд. А так как на секунду приходится тысяча двадцать футов, то это составит двадцать тысяч четыреста футов, иначе говоря, немногим больше полутора лье.

— Полутора лье!..

— Не так страшно, Аксель!..

— Но как мне идти, вверх или вниз?..

— Вниз, всё вниз! Мы дошли до большой площадки, к которой сходится множество галерей. Та, в которую ты попал, несомненно приведёт тебя к нам, ибо все эти трещины, расселины в Земле, по-видимому, идут радиусами от огромной пещеры, в которой мы находимся. Встань и иди вперёд. Иди, ползи, если понадобится, скользи по крутым спускам. Наши руки подхватят тебя! В путь, дитя моё, в путь!..

Эти слова подбодрили меня.

— До свиданья, дядя, — крикнул я. — Я ухожу! Теперь мы не сможем больше переговариваться. Прощай же!..

— До свиданья, Аксель, до свиданья!..

То были последние слова, донёсшиеся до меня. Наш необычный разговор, который мы вели сквозь толщу Земли, на расстоянии полутора лье, закончился этими утешительными словами.

Удивительное акустическое явление легко объяснимо законами физики. Оно зависит от расположения галереи и проводимости каменной породы. Существует несколько примеров такого распространения звуков, передающихся помимо воздуха. Я вспомнил, что подобное явление наблюдалось в нескольких местах, между прочим, во внутренней галерее собора св. Павла в Лондоне, и особенно в замечательных пещерах Сицилии, в каменоломнях близ Сиракуз, из которых самая знаменитая известна под именем «Дионисово ухо».

Эти воспоминания приходили мне на ум, и мне стало ясно, что раз голос дядюшки доносился до меня, то между нами не было преграды. Следуя за звуком, я должен был неизбежно дойти до своих спутников, если силы мне не изменят. Я встал.

Я скорее полз, чем шёл. Спуск был довольно крутой. Я стал соскальзывать вниз.

Вскоре быстрота, с которой я спускался, увеличилась в ужасающей степени, мне угрожало настоящее падение. У меня не хватало силы остановиться.

Вдруг земля исчезла из-под моих ног. Я чувствовал, что лечу вниз, подскакивая на неровностях отвесной галереи — настоящего колодца! Я ударился головой об острую скалу и лишился чувств.

ГЛАВА ДВАДЦАТЬ ДЕВЯТАЯ

Когда я снова пришёл в себя, вокруг стояла полутьма, я лежал на земле, на мягких одеялах. Дядюшка сидел возле меня, стараясь уловить в моём лице признаки жизни. Услыхав мой вздох, он схватил меня за руку. Поймав мой взгляд, он вскрикнул от радости.

— Он жив! Он жив! — закричал дядюшка.

— Да, — произнёс я слабым голосом.

– Дитя моё, – сказал дядюшка, прижимая меня к своей груди, – вот ты и спасён!

Тон, каким он произнёс эти слова, глубоко тронул меня, а ещё более меня растрогали его заботы. Но какие же понадобились испытания, чтобы вызвать у профессора такое излияние чувств!

Подошёл Ганс. Когда он увидел, что дядюшка держит мою руку в своих руках, смею утверждать, что в его глазах мелькнуло выражение живейшей радости.

– God dag, – сказал он.

– Здравствуй, Ганс, здравствуй, – прошептал я. – А теперь, дорогой дядюшка, объясните мне, где мы находимся.

– Завтра, Аксель, завтра! Сегодня ты ещё слишком слаб. Я обложил твою голову компрессами, лежи спокойно! Усни, мой мальчик, а завтра ты всё узнаешь.

– Но скажите хотя бы, – продолжал я, – который час и какое сегодня число?

– Одиннадцать часов вечера; сегодня воскресенье, девятое августа, а теперь я запрещаю тебе говорить до завтрашнего дня.

Действительно, я был очень слаб, и глаза мои закрывались сами собой. Мне нужно было хорошенько выспаться, и я заснул с той мыслью, что моя разлука со спутниками продолжалась четыре долгих дня.

Проснувшись на следующее утро, я стал осматриваться. Моё ложе, устроенное из наших дорожных одеял, помещалось в гроте, украшенном великолепными сталактитами и усыпанном мелким песком. В гроте царил полумрак. Ни лампы, ни факелы не были зажжены, а всё же извне, сквозь узкое отверстие, в грот проникал откуда-то слабый свет. До меня доносился плеск воды, точно волны во время прибоя набегали на берег, а порою я слышал свист ветра.

Я спрашивал себя, действительно ли я проснулся, не грежу ли я во сне, не пострадал ли мой мозг при падении, не начинаются ли у меня слуховые галлюцинации? Но нет! Зрение и слух не могли обманывать меня!

«Да ведь это луч дневного света проникает через расщелину в скале! – думал я. – А плеск волн? А ветер? Неужели я ошибаюсь? Неужели мы снова вышли на поверхность Земли? Неужели дядюшка отказался от своей затеи, или он довёл дело благополучно до конца?»

В моём мозгу теснилось множество вопросов, но тут подошёл профессор.

– Здравствуй, Аксель, – сказал он весело. – Я готов держать пари, что ты хорошо себя чувствуешь!

– О да, – сказал я, приподнимаясь.

– Так и должно быть, потому что ты спал спокойно. Ганс и я поочерёдно дежурили ночью подле тебя и видели, что дело заметно идёт на поправку.

– Верно, я чувствую себя вполне здоровым и в доказательство окажу честь завтраку, которым вы накормите меня.

– Тебе следует поесть, мой мальчик! Лихорадка у тебя уже прошла. Ганс натёр твои раны какой-то мазью, составляющей тайну исландцев, и они необыкновенно быстро затянулись. Что за молодчина наш охотник!

Разговаривая со мною, дядюшка приготовил для меня кое-какую пищу; я накинулся на неё с жадностью, несмотря на его увещания быть осторожнее. Я забрасывал дядюшку вопросами, на которые он охотно отвечал.

И тут я узнал, что упал я как раз в конце почти отвесной галереи; а поскольку меня нашли лежащим среди груды камней, из которых даже самый маленький мог раздавить меня, то, значит, часть скалы оборвалась вместе со мною, и я скатился прямо в объятия дядюшки, окровавленный и без чувств.

– Право, – сказал он, – достойно удивления, что ты не убился. Но, ради бога, не будем впредь разлучаться, иначе мы потеряем друг друга.

«Не будем больше разлучаться!» Так, значит, путешествие ещё не кончилось? Я вытаращил глаза от удивления.

Дядюшка тотчас же спросил:

– Что с тобой, Аксель?

– Я желал бы предложить вам вопрос. Вы говорите, что я здоров и невредим?

– Без сомнения!

– Мои руки и ноги в порядке?

– Конечно!

– А моя голова?

– Голова, не считая нескольких ушибов, цела и невредима!

– Я опасаюсь, что пострадал мой мозг.

– Пострадал?

– Да! Мы разве не на поверхности Земли?

– Нет, конечно!

– Значит, я сошёл с ума! Ведь я вижу дневной свет, слышу шум ветра и плеск волн.

– Ну и что же?

– Вы можете объяснить мне это явление?

– Нет, не объясню! Явление это необъяснимо. Но ведь геология ещё не сказала своего последнего слова. Ты в этом убедишься на опыте.

– Так выйдем же отсюда! – воскликнул я, вскакивая.

– Нет, Аксель, нет! Свежий воздух повредит тебе.

– Свежий воздух?

– Да, ветер довольно сильный. Ты можешь простудиться.

– Но, уверяю вас, что я чувствую себя превосходно.

– Немного терпения, мой мальчик! Рецидив болезни задержит нас, а времени терять нельзя, потому что переправа может оказаться продолжительной.

– Переправа?

– Да. Отдохни ещё сегодня, а завтра мы поплывём.

– Поплывём?

Последнее слово совсем взбудоражило меня.

Как? Поплывём? Неужели к нашим услугам река, озеро или море? Неужели какое-нибудь судно стоит на якоре у пристани?

Моё любопытство было возбуждено до крайности. Дядюшка напрасно старался удержать меня. Когда он увидел, что его упорство причинит мне больше вреда, чем удовлетворение моего желания, он уступил. Я быстро оделся. Из предосторожности я закутался в одеяло и вышел из грота.

ГЛАВА ТРИДЦАТАЯ

Яркий свет ослепил меня. Глаза, привыкшие к темноте, невольно закрылись! Когда я снова смог их открыть, я был скорее озадачен, чем поражён.

– Море! – вскричал я.

– Да, – ответил дядюшка, – море Лиденброка, и я надеюсь, что ни один мореплаватель не будет оспаривать у меня честь этого открытия и моё право назвать его моим именем.

Водная гладь простиралась перед нашими взорами, сливаясь с горизонтом. Сильно изрезанный песчаный берег озера или моря, о который плескались волны, был усеян мелкими раковинами, вместилищами живых организмов первичной формации. Волны разбивались о берег с гулким рокотом, свойственным замкнутым пространствам. Лёгкая пена на гребнях волн взлетала от дуновения ветерка, и брызги попадали мне в лицо. На этом плоском берегу, в ста туазах от воды, теснились отроги первобытного горного кряжа – огромные скалы, которые, расширяясь, вздымались на неизмеримую высоту. Прорезая берег острыми рёбрами, эти скалы выступали далеко в море, о них с рёвом разбивались волны. Вдали грозно вздымалась подобная же громада утёсов, резко вырисовывавшаяся на туманном фоне горизонта. То был настоящий океан, с причудливыми очертаниями берегов, но берегов пустынных и внушающих ужас своей дикостью. Я мог далеко окинуть взглядом эту морскую ширь, потому что какое-то «особенное» сияние освещало всё окрест до малейшей подробности. То не был солнечный свет, с его ослепительным снопом лучей и великолепным сиянием, и не бледный и неверный свет ночного светила, отражённый и призрачный. Нет! Сила этого светоча, его рассеянное холодное сияние, прозрачная белизна, его низкая температура, его яркость, превосходившая яркость лунного света, – всё это с несомненностью говорило о его электрическом происхождении. В нём было нечто от северного сияния, от явления космического порядка; свет этот проникал во все уголки пещеры, которая могла бы вместить в себе целый океан.

Свод пещеры, если хотите, небо, как бы затянутое тучами, образовавшимися из водяных паров, грозило через несколько дней обрушиться на Землю проливным дождём. Я полагал, что при столь сильном атмосферическом давлении испарения воды не могло быть, а между тем благодаря ещё неизвестной мне физической причине густые тучи собирались в воздухе. Но пока стояла прекрасная погода. Электрические волны создавали удивительную игру света, преломляясь в облаках, высоко стоявших в небе. Резкие тени ложились порою на их нижний край, и часто в разрыве облаков вспыхивал луч удивительной яркости. Но всё же то не был солнечный луч, ибо от него веяло холодом. Свет его создавал грустное, в высшей степени меланхолическое впечатление. Вместо небесной тверди с её созвездиями я чувствовал над своей головой затянутый тучами гранитный небосвод, давивший на меня всею своею тяжестью, и как ни огромно было это внутриземное пространство, всё же тут было бы тесно даже самому незначительному из спутников нашей планеты.

Мне вспомнилось тогда, что по теории одного английского капитана Земля подобна огромному полому шару, внутри которого газ, под собственным давлением, поддерживает вечный огонь, в то время как два другие светила, Плутон и Прозерпина, вращаются по предначертанию своей орбиты. Был ли он прав?

Мы были в сущности пленниками в этой необъятной пещере. Нельзя было определить ни её ширины, потому что берег уходил в бесконечность, ни её длины, потому что взор терялся в туманных очертаниях горизонта. Высота же пещеры превышала, вероятно, несколько лье. Где именно этот свод опирался на гранитные устои, глаз не мог того разглядеть; но иные облака проносились на высоте, вероятно, не менее двух тысяч туазов; это была абсолютная высота, превышающая высоту, до которой доходят земные испарения, что, несомненно, следует приписать значительной плотности воздуха.

Слово «пещера», очевидно, не подходит для обозначения этого необъятного пространства. Но на человеческом языке недостаёт слов тому, кто дерзнул проникнуть в бездонные глубины земного шара.

Я не мог постигнуть, каким геологическим явлением следует объяснить существование подобного внутриземного пространства. Неужели оно могло возникнуть благодаря охлаждению Земли? Я знал из рассказов путешественников о существовании нескольких знаменитых пещер, но ни одна из них не достигала таких размеров.

Если Гуахарский грот в Колумбии, исследованный на протяжении двух тысяч пятисот футов Гумбольдтом, не открыл учёному тайны своих глубин, всё же можно предположить, что они велики. Мамонтова пещера в Кентукки, конечно, гигантских размеров, ибо свод её поднимается на высоту пятисот футов над озером неизмеримой глубины, причём путешественники исходили по ней свыше десяти лье и не исследовали её до конца. Но что значат эти пещеры в сравнении с той, которой я любовался, с её туманным небом, с её рассеянным электрическим светом и безбрежным морем, заключённым в её лоне? Моё воображение было бессильно перед этой необъятностью.

Я созерцал в глубоком молчании все эти чудеса. У меня недоставало слов для выражения моих чувств. Мне казалось, что я нахожусь на какой-то далёкой планете, на Уране или Нептуне, и наблюдаю явления, непостижимые для моей «земной» натуры. Новые явления требуют новых обозначений, а моё воображение отказывалось мне служить. Я восхищался, размышлял, смотрел с изумлением, не чуждым некоторого страха.

Неожиданность этого зрелища оживила краски на моём лице; изумление — лучшее лекарство, и я выздоравливал с помощью этого нового терапевтического средства; помимо того, живительная сила плотного воздуха бодрила меня, обильно снабжая мои лёгкие кислородом.

Нетрудно понять, что после сорока семи дней заключения в тесной галерее дышать влажным воздухом, насыщенным солёными испарениями, было бесконечным наслаждением.

Я нисколько не раскаивался, что вышел из мрачного грота. Дядюшка, наглядевшийся уже на все эти чудеса, не удивлялся больше ничему.

— Чувствуешь ли ты себя в силах немного прогуляться? — спросил он меня.

— Ну, конечно! — ответил я. — Что может быть приятнее!

— Ну, так обопрись на мою руку, Аксель, и пройдёмся вдоль берега.

Я охотно принял дядюшкино предложение, и мы стали бродить по берегам этого новоявленного океана. Слева крутые скалы, громоздившиеся одна на другую, образовали титаническую цитадель, производившую необычайное впечатление. По склонам утёсов низвергались с шумом бесчисленные водопады, лёгкие клубы водяных паров, вырывавшиеся из расщелин в скалах, указывали на наличие горячих источников, а ручьи с тихим журчанием вливались в общий бассейн.

Среди ручейков я сразу же признал нашего верного спутника, ручей Ганса, который медленно струился в море, как будто так повелось с самого создания мира.

— Вот мы и теряем своего путеводителя! — сказал я со вздохом.

— Э! — ответил профессор. — Тот или другой, не всё ли равно?

«Какая неблагодарность!» — подумал я.

Но в эту минуту неожиданное зрелище привлекло моё внимание. На расстоянии ста шагов от нас, за выступом мыса, виднелся мощный, густой лес. Деревья в нём были средней вышины, зонтикообразной формы, с ясно очерченными геометрическими линиями. Движение воздуха словно не касалось их листвы, ибо, несмотря на лёгкий ветерок, они стояли не шелохнувшись, точно роща окаменелых кедров.

Я ускорил шаг. Я не мог определить род этих необыкновенных деревьев. Не принадлежали ли они к одному из двух тысяч видов растений, уже известных в науке, или же нужно было отвести им особое место среды флоры болот? Нет! Когда мы подошли поближе, моё недоумение оказалось не меньшим, чем первоначальное удивление.

В самом деле, перед нами были произведения земли, но созданные по гигантскому образцу. Дядюшка сейчас же подыскал им название.

— Да это просто грибной лес! — сказал он.

И он не ошибался. Можете судить, как пышно развиваются эти съедобные растения в тёплом и сыром месте. Я знал, что, согласно Бульяру, «lycoperdan giganteum»[1] достигает восьми или девяти футов в окружности; но тут были бе-

[1] Вид гигантского гриба (*лат.*).

лые грибы вышиной от тридцати до сорока футов, с шляпками соответствующего диаметра! Они росли здесь тысячами. Ни один луч света не проникал в их густую тень, и полный мрак царил под их куполами, прижавшимися тесно один к другому, подобно круглым крышам африканского города.

Мне хотелось, однако, проникнуть в их чащу. Мертвенным холодом веяло от их мясистых сводов. Полчаса бродили мы в этой сырой мгле и с истинным удовольствием вернулись к берегу.

Но растительность этой подземной области не ограничивалась одними грибами. Дальше виднелись целые леса других деревьев с бесцветной листвою. Их легко было узнать: то были низшие виды земной растительности, достигшие необычайных размеров: ликоподии вышиною в сто футов, гигантские сигиллярии, папоротники вышиною с северную ель, лепидодендроны с цилиндрическими раздвоенными стволами, заканчивавшиеся длинными листьями, усеянными жёсткими волосками.

– Удивительно, великолепно, бесподобно! – восклицал дядюшка. – Вот вся флора вторичной эпохи мира, эпохи переходной! Вот ползучие растения наших садов, бывшие деревьями в первые эры существования Земли! Гляди, Аксель, восхищайся. Да это истинный праздник для ботаника!

– Вы правы, дядюшка. Провидению, невидимому, было угодно сохранить в этой огромной теплице допотопные растения, восстановленные так удачно воображением учёных.

– Ты сказал правильно, мой мальчик, – это теплица! Но было бы ещё правильнее прибавить и зверинец вдобавок!

– Зверинец?

– Ну, конечно! Взгляни на эту пыль, что поднимается под нашими ногами, на эти кости, разбросанные по земле.

– Кости? – воскликнул я.

– Да, кости допотопных животных!

Я бросился к этим вековым останкам, состоявшим из неразрушимого минерального вещества, и, не колеблясь, установил происхождение этих гигантских костей, походивших на высохшие стволы деревьев.

– Вот нижняя челюсть мастодонта, – сказал я, – вот коренные зубы динотериума; вот эта бедренная кость могла принадлежать только самому крупному животному, мегатериуму. Да, это настоящий зверинец! Кости эти попали сюда не в результате стихийного бедствия. Животные, окаменелости

которых мы видим, водились на берегах этого подземного моря, под тенью этих древовидных растений. Взгляните, вот и целые скелеты! А всё же...

— Всё же? — спросил дядя.

— Я не могу объяснить себе существование четвероногих в этой гранитной пещере.

— Почему?

— Потому что животная жизнь возникла на Земле только в древний период, когда благодаря наносным отложениям океанических глубин образовались осадочные породы, так называемые вторичные, сменившие скалы первичного периода.

— Ах, так, Аксель! На твой вопрос есть очень простой ответ, а именно, что эта почва образовалась из осадочных пород.

— Как? На такой глубине? Под поверхностью Земли?

— Разумеется! Это явление объяснимо геологическими законами. В известную эпоху Земля была покрыта упругой корой, подверженной переменным вертикальным колебаниям, подчинённым законам притяжения. Весьма вероятно, что происходило нередко опускание земной коры и часть осадочных пород была увлечена в глубины разверзшейся бездны!

— Это, конечно, могло быть! Но если допотопные животные обитали в этих подземных областях, кто может поручиться, что одно из таких чудовищ не рыщет и теперь в этом тёмном лесу или за этими утёсами?

При этой мысли я не без ужаса оглянулся вокруг; но ни одного живого существа не было видно на этих пустынных берегах.

Я немного утомился и присел на выступ мыса, о подножие которого с шумом бились волны. Отсюда я обнимал взором всю бухту, образуемую изгибами берега. В глубине бухты, среди пирамидальных скал, виднелась маленькая гавань. В этой тихой заводи, защищённой от ветра, могли бы спокойно стоять на якоре бриг и две-три шхуны. Мне казалось, что вот-вот снимется с якоря какое-нибудь судно и выйдет на всех парусах при южном ветре в открытое море!

Но эта иллюзия быстро рассеялась! Мы были единственными живыми существами в подземном мире. Порою ветер стихал, и глубокая тишина пустыни воцарялась и на море и на бесплодных скалах. Я старался проникнуть взглядом сквозь туманную даль и разорвать завесу, прикрывшую таинственную линию горизонта. Тысячи вопросов готовы были слететь с моих губ! Где кончается море? Куда оно ведёт? Сможем ли мы когда-нибудь исследовать противоположный берег?

Дядюшка не сомневался в этом! Я желал побывать там и в то же время опасался этой прогулки.

Целый час провели мы, наслаждаясь развернувшейся перед нами картиной. Потом мы пошли обратно в грот по песчаному берегу. Я спал всю ночь глубоким сном, утомлённый фантастическим зрелищем.

ГЛАВА ТРИДЦАТЬ ПЕРВАЯ

На следующий день я проснулся совершенно здоровым. Я решил, что купанье было бы мне весьма полезно, и погрузился на несколько минут в воды этого «Средиземного» моря, получившего название, очевидно, по заслугам!

Вернувшись после купанья, я поел с превосходным аппетитом. Ганс отлично справлялся с приготовлением нашей неприхотливой пищи, тем более что теперь к его услугам были и огонь и вода, и он мог несколько разнообразить наш завтрак. В качестве десерта он подал нам несколько чашек кофе, и никогда ещё этот превосходный напиток не казался мне столь вкусным.

— Теперь, — сказал дядюшка, — час морского прилива и отлива, и надо воспользоваться случаем изучить это явление.

— Прилива и отлива?..

— Ну, разумеется!

— Неужели влияние солнца и луны простираются так далеко?

— Отчего же нет? Разве не все тела подвержены действию закона всеобщего тяготения? Следовательно, и эта водная масса не может избежать всеобщего закона; и ты увидишь, что вода, несмотря на давление атмосферы на её поверхность, начнёт подниматься, как в Атлантическом океане.

Мы вовремя вышли и смогли наблюдать, как волны мало-помалу заливали плоский берег.

— Начинается прилив! — воскликнул я.

— Да, Аксель, и по количеству пены ты можешь судить, что вода в море поднимается, пожалуй, футов на десять.

— Невероятно!

— Нет, вполне естественно!

— Что бы вы ни говорили, дядюшка, но мне всё это кажется необычайным, и я едва верю своим глазам. Кто бы мог вообразить, что в земной коре существует настоящий океан, с приливом и отливом, со свежим ветром и бурями!

— А почему же нет? Разве это противоречит законам физики?

— Конечно, нет, если отказаться от теории центрального огня.

— Следовательно, до сих пор теория Дэви оправдывается?

— Очевидно! И она не противоречит существованию морей и стран внутри земного шара!

— Да, но необитаемых!

— Так-с! Но почему же в этих водах не может быть каких-нибудь рыб неизвестного до сих пор вида?

— Во всяком случае, мы до сих пор ни одной ещё не видели.

— Ну что ж! Попробуем смастерить удочки и полюбопытствуем, идёт ли рыба на приманку, как в подлунных водах! Попробуем, Аксель; нам ведь следует проникнуть во все тайны этих новых областей.

— Но скажите, дядюшка, где мы собственно находимся? Я вам ещё не предложил этого вопроса, на который ваши приборы уже, вероятно, дали ответ.

— В горизонтальном направлении нас отделяет от Исландии расстояние в триста пятьдесят лье.

— Какая даль!

— Я убеждён, что не ошибаюсь в расчёте.

— А магнитная стрелка всё ещё показывает на юго-восток?

— Да, с западным склонением в девятнадцать градусов и сорок две минуты, совершенно как на земле. Что же касается вертикального направления, то тут произошло любопытное явление, которое я внимательно наблюдал.

— Какое же?

— Стрелка, вместо того чтобы наклоняться к полюсу, как полагается в северном полушарии, напротив того, отклоняется.

— Стало быть, из этого нужно заключить, что точка магнитного притяжения находится между поверхностью земного шара и тем местом, где мы теперь находимся.

— Совершенно верно, и надо полагать, что если бы мы оказались под полярными странами, примерно около семидесятого градуса северной широты, где Джеймс Росс[1] открыл магнитный полюс, то стрелка встала бы вертикально. Следовательно, таинственный центр притяжения находится не очень глубоко.

— Вы правы! А учёные и не подозревают об этом явлении!

— Научные теории, мой мальчик, не все безошибочны, но этим нечего смущаться, потому что в конце концов они приходят к истине.

— А на какой же глубине мы теперь находимся?

— На глубине около тридцати пяти лье.

— Итак, — сказал я, бросив взгляд на карту, — над нашей головой лежит гористая часть Шотландии, а именно та, где снежные вершины Грампианских гор достигают наибольшей высоты.

— Да, — ответил профессор, улыбаясь. — Несколько тяжёлый груз, но свод прочен! Великий архитектор вселенной соорудил его из хорошего материала, и человек никогда не сумел бы сделать его столь устойчивым! Что значат арки мостов и своды соборов в сравнении с этим куполом в три с лишним лье в диаметре, под которым может свободно бушевать настоящий океан!

— О, я нисколько не боюсь, что небо упадёт мне на голову. А теперь, дядюшка, какие у вас планы? Не думаете ли вы вернуться на поверхность Земли?

— Вернуться? Помилуй! Напротив, надо продолжать путешествие, раз всё до сих пор шло так хорошо!

— Я всё-таки не понимаю, как мы опустимся под дно морское?

— О! Я и не собираюсь броситься очертя голову! Но если океаны, образно говоря, те же озёра, потому что они окружены сушей, то тем более оснований предполагать, что это внутреннее море заключено в горный массив.

— В этом нет сомнения!

— Раз так, то я уверен, что на противоположном берегу найду новое выходное отверстие.

— Как же, по вашему мнению, широко это море?

— От тридцати до сорока лье.

— Так! — произнёс я, думая, однако, что дядюшкино предположение может оказаться не совсем точным.

[1] Джеймс Кларк Росс (1800–1862) — британский военный моряк, исследователь полярных районов, член Королевского географического общества с 1848 года.

– Нам нельзя терять времени, и завтра же мы выходим в море.

Я невольно стал искать глазами судно, которое могло бы нас перевезти.

– Ах, вот оно что! – сказал я. – Мы выходим в море! Хорошо! А на какое же судно мы погрузимся?

– Для этой переправы не потребуется судна, мой мальчик; хороший, прочный плот вполне нас удовлетворит.

– Плот! – воскликнул я. – Плот тоже нелегко достать, и я не вижу...

– Ты не видишь, Аксель, но мог бы услышать, если бы прислушался.

– Услышать?

– Да. Услышав удары молотка, ты бы понял, что Ганс не терял времени!

– Он строит плот?

– Да.

– Как? Разве он уже успел нарубить деревьев?

– Деревья уже были свалены бурей. Пойдём-ка, ты посмотришь, как идёт его работа.

Через четверть часа, по ту сторону мыса, образующего маленькую бухту, я увидел Ганса, мастерившего плот. Ещё несколько шагов, и я был возле него. К моему большому изумлению, плот был почти готов; он был сколочен из каких-то диковинных брёвен. Множество толстых досок, обрубков, всяких верёвок лежало на земле. Из всего этого можно было построить целую флотилию.

– Дядюшка! – вскричал я. – Что это за деревья?

– Ель, сосна, берёза, хвойные деревья Севера, окаменевшие от действия минеральных солей в воде.

– Неужели?

– Называется такое окаменелое дерево «surtarbrandur».

– Но ведь оно, стало быть, твёрдо, как камень, и не будет держаться на воде?

– Бывает и так! Ведь некоторые деревья совершенно превратились в антрацит, другие же, как, например, вот эти, только начали превращаться в окаменелость. Взгляни-ка, – продолжал дядюшка, бросая в море драгоценный обломок.

Кусок дерева, сначала погрузившись в воду, всплыл и теперь покачивался на волнах.

– Убедился? – спросил дядюшка.

– Убедился, тем более что всё это просто невероятно!

На другой вечер благодаря искусству проводника плот совершенно был готов; длина его равнялась десяти футам, ширина – пяти; брёвна «суртарбрандура», связанные крепкими верёвками, образовали прочное сооружение, и, когда это импровизированное судно было спущено на воду, оно отлично держалось на волнах моря Лиденброка.

ГЛАВА ТРИДЦАТЬ ВТОРАЯ

Тринадцатого августа мы встали рано. Нужно было испробовать новый способ передвижения.

Оснастку плота составляли: мачта, сооружённая из двух длинных шестов, подпёртых горбылями, рея, на которую пошёл третий шест, и парус, сшитый из одеял; верёвок было достаточно, плот был сработан на славу.

В шесть часов профессор дал знак к отплытию. Провизия, багаж, приборы, оружие и солидный запас пресной воды, взятой из горных ручьёв, были уже погружены.

Ганс снабдил плот рулём, и благодаря этому он мог управлять нашим судёнышком. Он встал у руля, отвязал канат. Парус был поднят, и мы отвалили от берега. Когда мы уже выходили из бухты, дядюшка, придерживавшийся географической номенклатуры, пожелал назвать бухту моим именем.

– Полноте, – сказал я. – Я предложил бы вам другое имя.

– Какое же?

– Гретхен! На карте бухта Гретхен будет выглядеть очень недурно.

– Пусть будет бухта Гретхен!

Таким образом имя моей милой романтической фирландки было связано с нашей научной экспедицией. Лёгкий ветерок дул с северо-востока. Подгоняемые попутным ветром, мы вышли в открытое море. Плотность атмосферы значительно увеличивала силу ветра, вздувавшего наш парус, как какой-нибудь кузнечный мех.

Через час дядюшка мог довольно точно определить скорость, с которой мы плыли.

– Если мы будем и дальше плыть с такой скоростью, – сказал он, – то в сутки мы пройдём по меньшей мере тридцать лье и скоро увидим противоположный берег.

Я ничего не возразил и пересел поближе к рулю. Северный берег сливался уже с туманной линией горизонта. Перед моими глазами расстилалось необозримое водное пространство. Чёрные тучи отбрасывали тёмные тени и, казалось, ещё более омрачали угрюмые воды. Серебристые лучи электрического света, отражаясь в водной зыби, придавали ей фосфорический блеск. Вскоре берег совершенно скрылся из виду; исчезли всякие признаки, по которым можно было бы судить, насколько быстроходен наш плот; и, если бы не фосфоресцирующий след за кормой, я мог бы подумать, что мы стоим на месте.

Около полудня нам стали встречаться исполинские водоросли, избороздившие зелёными волнами поверхность моря. Я знал жизнеспособность этих растений, которые стелются по морскому дну на глубине более чем двенадцать тысяч футов, которые способны размножаться при давлении почти четырёхсот атмосфер и часто образуют мели, затрудняющие движение кораблей. Но, кажется, нигде не растёт такая гигантская морская трава, как в море Лиденброка.

Наш плот лавировал среди этих мощных водорослей «фукус» длиной в три-четыре тысячи футов, тянувшихся, извиваясь, как змеи, насколько хватает глаз; мне доставляло удовольствие следить за этими бесконечными лентами, гадая, когда же им будет конец; но прошло уже несколько часов, а зелёные ленты не обрывались.

Какова же была сила природы, взрастившей такие растения, и каков должен был быть вид Земли в первые эры мирозданья, когда под влиянием теплоты и влажности вся её поверхность представляла одно лишь растительное царство!

Наступил вечер, и, как я уже заметил накануне, сила света не уменьшалась. Это излучение было постоянным явлением природы и не подлежало изменению.

После ужина я прилёг у мачты и сразу же заснул крепким сном, полным безоблачных грёз.

Ганс сидел у руля, напряжённо следя за ходом нашей плавучей платформы, хотя из-за попутного ветра управлять рулём ему не приходилось.

Профессор Лиденброк поручил мне с момента выхода из бухты Гретхен вести «корабельный журнал», отмечая в нём малейшие наблюдения, записывая интересные явления, направление ветра, скорость движения, пройденное расстояние — одним словом, все события этого замечательного плавания.

Поэтому я ограничусь тем, что воспроизведу здесь эти ежедневные записи, продиктованные, так сказать, самими событиями, чтобы дать тем самым более точное описание нашей переправы морем.

Пятница, 14 августа. Свежий северо-западный ветер. Плот плавно плывёт при попутном ветре. Берег остался позади нас в тридцати лье. Горизонт пустынен. Сила света не изменяется. Погода ясная, иначе говоря, высоко парят лёгкие облака в атмосфере, напоминавшей расплавленное серебро! Термометр показывает +32°.

В полдень Ганс, приделав крючок к бечёвке, насаживает на него кусочек мяса и закидывает самодельную удочку в воду. Проходят часа два, рыба не клюёт. Неужели эти воды необитаемы? Нет! Удочку дёргает. Ганс вытягивает верёвку: на крючке бьётся рыба.

— Рыба! — кричит дядюшка.

— Осётр! — воскликнул я в свой черёд. — Маленький осётр!

Профессор внимательно разглядывает рыбу; он со мной не согласен: у этой рыбы плоская, округлённая голова, передняя часть туловища покрыта сплошным панцирем, состоящим из костных пластинок; ротовая щель лишена зубов; довольно развитые нагрудные плавники при отсутствии хвостового плавника. Это животное, несомненно, принадлежит к тому классу, к которому естествоиспытатели причислили осетра, но оно отличается от него существенными признаками.

Дядюшка не ошибся, после беглого осмотра он заключил:

— Рыба принадлежит к семейству, вымершему много столетий тому назад, окаменелые остатки которого находят в пластах девонского периода.

— Как! — сказал я. — Неужели мы поймали одного из обитателей первобытных морей?

— Да, — ответил профессор, продолжая исследовать рыбу, — и ты увидишь, что эти рыбообразные ископаемые не имеют ничего общего с современными рыбами. Поймать такой экземпляр живым — истинное счастье для естествоиспытателя.

— Но к какому же семейству рыба принадлежит?

— К отряду ганоидных, семейству цефаласписов, роду...

— Ну?

— Роду птерихтисов, готов в этом поклясться! Но этот экземпляр представляет собою особенность, которая, как говорят, встречается только у рыбы в подземных водах.

— Какую же?

— Рыба слепа.

— Слепа?

— Не только слепа, но у неё совершенно отсутствует орган зрения.

Я смотрю: совершенно верно! Но, быть может, это единичный случай? Мы снова закидываем удочку. Море, по-видимому, изобилует рыбой, потому что за два часа мы вылавливаем множество птерихтисов, равно как и других рыб, принадлежащих тоже к вымершему семейству диптерисов, род которых дядюшка, однако, не может определить. Все они лишены органа зрения. Этот неожиданный улов значительно увеличивает наш запас съестных припасов.

Итак, можно, очевидно, наверняка предположить, что море это содержит исключительно всякого рода ископаемых, причём как рыбы, так и пресмыкающиеся тем лучше сохранились, чем дальше от нас эпоха, к которой они относятся.

Может быть, мы встретим даже какое-нибудь пресмыкающееся, которое наука сумела восстановить по обломку кости или хряща?

Я беру подзорную трубу и осматриваю море. Оно пустынно. Конечно, мы ещё слишком недалеко от берега.

Я смотрю в воздух. Почему бы не пролететь, рассекая своими крыльями эти тяжёлые атмосферные слои, какой-нибудь из птиц, восстановленных тем же бессмертным Кювье? Рыбы могли бы служить им обильной пищей. Я вглядываюсь, но воздух необитаем, как и берега.

Между тем моё воображение уносит меня в мир чудесных гипотез палеонтологии. Мне снятся сны наяву. Мне кажется, что я вижу на поверхности вод огромных херсид, этих допотопных черепах, похожих на плавучие островки. На угрюмых берегах бродят громадные млекопитающие первобытных времён: лептотерий, найденный в пещерах Бразилии, и мерикотерий, выходец из ледяных областей Сибири. Вдали за скалами прячется толстокожий лофиодон, гигантский тапир, собирающийся оспаривать добычу у аноплотерия – животного, имеющего нечто общее с носорогом, лошадью, бегемотом и верблюдом, как будто создатель второпях смешал несколько пород животных в одной. Тут гигантский мастодонт размахивает хоботом и крошит прибрежные скалы клыками; там мегатерий взрывает землю огромными лапами и своим рёвом пробуждает звучное эхо в гранитных утёсах. Вверху, по крутым скалам, карабкается предок обезьяны – протопитек. Ещё выше парит в воздухе, словно большая летучая мышь, рукокрылый птеродактиль. Наконец, в высших слоях атмосферы огромные птицы, более сильные, чем казуар, более крупные, чем страус, раскидывают свои широкие крылья и ударяются головой о гранитный свод.

В моём воображении оживает весь этот ископаемый мир. Я переношусь в первые дни мирозданья, намного предшествовавшие появлению человека, когда не вполне сформировавшаяся Земля не создала ещё условий, необходимых для его существования. Я переношусь в ту эру, когда вообще не водились ещё живые существа на Земле. Исчезли млекопитающие, потом – птицы, пресмыкающиеся мезозойской эры, наконец рыбы, ракообразные, моллюски. В небытие погружаются зоофиты переходной эпохи. Вся жизнь на Земле заключена в одном мне, только моё сердце бьётся в этом безлюдном мире. Не существует ни времён года, ни климатов; температура земного шара непрерывно возрастает и начинает превышать теплоту лучезарного светила. Растительность принимает гигантские размеры. Я брожу, как тень, среди древовидных папоротников, ступая нерешительными шагами по пёстрому мергелю и песчанику; я прислоняюсь к стволам огромных хвойных деревьев и сплю в тени сфенофелий, астерофелий и ликоподий, достигающих в вышину ста футов.

Века протекают, как мгновения. Я переживаю ряд эволюций на Земле. Исчезают растения; гранитные скалы теряют свою твёрдость; под влиянием всё усиливающейся жары камни плавятся; воды растекаются по поверхности земного шара; воды кипят и испаряются; водяные пары окутывают землю, которая понемногу превращается в газообразную раскалённую добела массу, лучезарную, как солнце!

В центре этого туманного пятна, в миллион четыреста тысяч раз превышающего объём земного шара, который в будущем ему предстоит образовать,

я уношусь в межпланетные пространства! Моё тело становится невесомым. И, подобно атому, сливается с газообразной массой, описывающей в бесконечности свою пламенную орбиту!

Что за грёзы! Куда уносят они меня? Моя рука лихорадочно набрасывает на бумагу подробности этих странных превращений! Я всё забыл: и профессора, и проводника, и плот! Мой мозг во власти галлюцинаций...

– Что с тобой? – спрашивает дядюшка.

Я смотрю на него широко раскрытыми глазами и не вижу его.

– Осторожнее, Аксель, ты упадёшь в море!

В ту же минуту меня схватывает сильная рука Ганса; без его поддержки я упал бы в воду, увлечённый своими видениями.

– Он с ума сошёл! – кричит профессор.

– Что случилось? – спрашиваю я, наконец, придя в себя.

– Ты болен?

– Нет, у меня была галлюцинация, теперь это прошло. Ведь всё благополучно?

– Да, ветер попутный, море спокойно! Мы быстро плывём вперёд и, если я не ошибся в своих предположениях, скоро пристанем к берегу.

При этих словах я встаю и пристально смотрю вдаль; но линия воды всё ещё сливается с линией облачного свода.

ГЛАВА ТРИДЦАТЬ ТРЕТЬЯ

С*уббота, 15 августа.* Море так же однообразно; берегов не видно. Одна лишь бескрайняя даль.

Голова у меня всё ещё болит после галлюцинации.

Дядюшке ничего не грезилось, но он не в духе. Он то обозревает в подзорную трубу море во всех направлениях, то с досадой скрещивает руки, и лицо его принимает сердитое выражение.

Я вижу, что к профессору Лиденброку возвращается его прежняя нетерпимость, что я и отмечаю в моём журнале. Только опасность, которой я подвергался, и мои страдания вызвали у него тёплое человеческое чувство, но, как только я выздоровел, он снова стал раздражителен.

– Вы, кажется, чем-то обеспокоены, дядюшка, – спрашиваю я, видя, что он часто подносит к глазам подзорную трубу.

– Обеспокоен? Нет!

– Значит, теряете терпение?

– Есть отчего!

– Но ведь мы плывём так быстро...

– Ну что ж из того? Не скорость слишком мала, а море слишком велико!

Тут я вспоминаю, что профессор перед отплытием определил длину этого подземного моря в тридцать лье. Но мы уже проплыли в три раза большее расстояние, а южные берега ещё и не показывались.

– Мы плывём, но не спускаемся в недра Земли, – продолжает профессор. – Ведь это только потерянное время, а я совсем не для того забрался в такие дебри, чтобы совершать увеселительную прогулку по этому пруду!

Итак, он называет нашу переправу прогулкой, а море – прудом!

– Но, – говорю я, – раз мы избрали путь, указанный Сакнуссемом...

– В этом и весь вопрос! Тот ли это путь? Встретил ли Сакнуссем эту водную поверхность? Плыл ли он по ней? Не сбил ли нас с пути ручей, который мы избрали своим проводником?

– Во всяком случае, нам нечего жалеть, что мы попали сюда. Зрелище великолепное, и...

– Дело не в зрелищах! Я поставил себе определённую цель и хочу достигнуть её! Поэтому не говори мне о красотах!

Я принимаю это к сведению и не обращаю внимания на то, что профессор кусает губы от нетерпения. В шесть часов вечера Ганс требует своё жалованье, и ему выдаются его три рейхсталера.

Воскресенье, 16 августа. Ничего нового. Та же погода. Ветер свежеет. Просыпаясь, спешу установить силу света. Я по-прежнему боюсь, как бы световые явления не потеряли силу, а потом и совсем не исчезли. Но напрасно: тень от плота ясно вырисовывается на поверхности воды.

Право, это море бескрайнее. Оно, вероятно, так же широко, как Средиземное море или даже как Атлантический океан. А почему бы не так?

Дядюшка часто измеряет его глубину. Он привязывает самую тяжёлую кирку к концу верёвки и опускает её на глубину двухсот морских саженей. Дна не достать. С большим трудом вытаскиваем наш лот из воды.

Когда кирку вытянули, наконец, на плот, Ганс обращает моё внимание на то, что на её поверхности заметны сильно вдавленные места. Можно подумать, что этот кусок железа был сильно ущемлён между двумя твёрдыми телами.

Я смотрю на охотника.

– Tander! – говорит он.

Я не понимаю. Обращаюсь к дядюшке, но дядюшка весь погружён в размышления. Я не решаюсь его тревожить. Обращаюсь снова к исландцу. Тот поясняет мне свою мысль, открывая и закрывая несколько раз рот.

– Зубы! – говорю я с изумлением, внимательно вглядываясь в железный брусок. Ну, конечно! Это следы зубов, вдавленные в металл! Челюсти, вооружённые такими зубами, должны быть чрезвычайно сильны! Стало быть, здесь, глубоко под водой, существует какое-то допотопное чудовище, прожорливее акулы и страшнее кита? Я не могу оторвать взгляда от кирки, наполовину изгрызенной! Неужели мои видения прошлой ночи обратятся в действительность?

Эти мысли тревожат меня весь день, и моё волнение немного утихает в те часы, когда я сплю.

Понедельник, 17 августа. Я стараюсь припомнить, какие инстинкты свойственны тем допотопным животным, которые, следуя за слизняками, ракообразными и рыбами, предшествовали появлению на земном шаре млекопитающих. В то время мир принадлежал пресмыкающимся. Эти чудовища владели морями триасового периода. Природа наделила их самой совершенной организацией. Какое гигантское строение! Какая невообразимая сила! Самые крупные и страшные из современных пресмыкающихся – аллигаторы и крокодилы – лишь слабое подобие своих предков мезозойской эры.

Я дрожу при мысли о возможном появлении этих морских гадов. Живыми их не видел ещё ни один человеческий глаз! Они обитали на Земле за целые тысячелетия до появления человека, но кости этих ископаемых, найденные в каменистых известняках, называемых англичанами «lias»[1],

[1] Нижний отдел юрской системы.

дали возможность восстановить их анатомическое строение и представить себе их гигантские размеры.

Я видел в гамбургском музее скелет одного из этих пресмыкающихся длиною в тридцать футов. Неужели же мне, жителю Земли, суждено увидеть воочию одного из представителей допотопного семейства? Нет! Это невозможно! Однако его сильные зубы оставили на железе свой отпечаток, по которому я узнаю, что они конической формы, как у крокодила.

Мои глаза с ужасом устремлены на море. Я боюсь, что вот-вот вынырнет один из обитателей подводных пещер.

Я подозреваю, что профессор Лиденброк думает о том же, если даже и не разделяет мои опасения, потому что, осмотрев кирку, он кидает взгляд на океан.

«Чёрт возьми, – говорю я про себя, – зачем только ему вздумалось измерять глубину? Он потревожил, быть может, какое-нибудь животное в его логовище, и если мы не подвергнемся нападению во время плавания...»

Взглянув на оружие, я удостоверяюсь, что оно в порядке; дядюшка замечает мой взгляд и выражает своё одобрение.

Волнение на поверхности воды указывает на то, что в морских глубинах неспокойно. Опасность приближается. Надо быть настороже!

Вторник, 18 августа. Наступает вечер, или, лучше сказать, то время, когда у нас смыкаются веки, ибо на этом океане нет ночи, и немеркнущий свет утомляет глаза, как если бы мы плыли под солнцем полярных морей. Ганс сидит у руля. И, пока он бодрствует, я сплю.

Два часа спустя я просыпаюсь от страшного сотрясения. Плот с невероятной силой взмывает над волнами и отбрасывается на двадцать туазов в сторону.

– Что случилось? – кричит дядюшка. – Не наскочили ли мы на мель?

Ганс указывает пальцем на тёмную глыбу, видневшуюся на расстоянии двухсот туазов от нас, которая то всплывает, то погружается. Я всматриваюсь и вскрикиваю:

– Да это же колоссальная морская корова!

– Да, – отвечает дядюшка, – а вот тут – морская ящерица необыкновенной величины.

— А там, дальше, — чудовищный крокодил! Взгляните, какая у него широкая челюсть и какие зубы! Ах, он исчезает!

— Кит, кит! — кричит затем профессор. — Я узнаю его по громадным плавникам. Посмотри, какой столб воды и воздуха он выбрасывает!

Действительно, два водяных столба вздымались над морем на значительную высоту. Мы удивлены, поражены, объяты ужасом при виде этого стада морских чудовищ. Они сверхъестественной величины, и самое меньшее из них может одним ударом своего хвоста вдребезги разбить весь плот. Ганс пытается переменить направление, чтобы избежать опасного соседства, но замечает с другой стороны не менее страшных врагов: морскую черепаху в сорок футов ширины и морскую змею в тридцать футов длины, громадная голова которой показывается из волн.

Бегство невозможно. Чудовища приближаются; они носятся вокруг плота с такой скоростью, что курьерский поезд не догнал бы их; они описывают концентрические круги вокруг плота. Я схватываю карабин. Но что может сделать пуля с чешуёй, прикрывающей туши этих животных?

Мы замерли от ужаса. Вот они уже совсем близко! С одной стороны — крокодил, с другой — змея. Остальное стадо морских чудищ исчезло. Я собираюсь выстрелить. Ганс знаком останавливает меня. Морские гады проносятся в пятидесяти туазах от плота, бросаются друг на друга и в ярости не замечают нас.

В ста туазах от плота завязывается бой. Мы ясно видим сражающихся чудовищ.

Но мне кажется, что появляются и другие животные, чтобы принять участие в схватке: морская свинья, кит, ящерица, черепаха. Они всплывают поочерёдно. Я указываю на них Гансу. Но тот отрицательно качает головой.

— Tva, — говорит он.

— Что? Два? Он утверждает, что лишь два...

— Он прав, — восклицает дядюшка, не отнимая от глаз подзорной трубы.

— Не может быть!

— Да! У первого из этих чудовищ морда морской свиньи, голова ящерицы, зубы крокодила, что и ввело нас в заблуждение. Это самое страшное из допотопных пресмыкающихся — ихтиозавр!

— А другое?

— Другое — змея, скрытая под щитом черепахи, страшный враг первого — плезиозавр!

Ганс не ошибся. Тут — только два чудовища! У меня перед глазами пресмыкающиеся океанических вод мезозойской эры. Я различаю кровавый глаз ихтиозавра, величиной с человеческую голову. Природа наделила его чрезвычайно сильным органом зрения, способным выдержать давление глубинных водяных слоёв. Его справедливо назвали китом пресмыкающихся, так как он столь же быстр в движениях и огромен, как кит. Длина его достигает не менее ста футов, и я могу судить о его величине, когда он высовывает из воды вертикальные хвостовые плавники. В его огромной челюсти насчитывается, по мнению естествоиспытателей, не менее ста восьмидесяти двух зубов!

Плезиозавр — змея с цилиндрическим туловищем, коротким хвостом, лапами в форме вёсел. Туловище плезиозавра сплошь одето щитом, а свою гибкую лебединую шею он может высовывать на тридцать футов из воды.

Животные сражаются с неописуемой яростью, вздымая целые водяные горы; наш плот рискует каждый миг перевернуться. Слышен страшный рёв. Животные в этой схватке буквально слились друг с другом. Я не могу отличить одно от другого. Ярость победителя может обрушиться на нас.

Проходит час, два часа. Битва продолжается с той же ожесточённостью. Животные то приближаются, то удаляются от плота. Мы стоим неподвижно, приготовившись стрелять.

Вдруг и ихтиозавр и плезиозавр исчезают под волнами. Проходит несколько минут. Не закончится ли борьба в морских глубинах?

Внезапно над водой поднимается огромная голова, голова плезиозавра. Чудовище смертельно ранено. Я не вижу на нём его панциря. Только его длинная шея торчит кверху, наклоняется, снова выпрямляется, ударяется о волны, как гигантский бич, и извивается, как перерезанный червяк. Волны расходятся на далёкое расстояние. Брызги ослепляют нас. Но скоро агония пресмыкающегося приходит к концу, его движения слабеют, конвульсии прекращаются и длинный остов изувеченной змеи вытягивается неподвижной массой на лёгкой зыби моря.

Вернулся ли ихтиозавр в свою подводную пещеру или он снова появится на поверхности моря?

Глава тридцать четвёртая

Среда, 19 августа. К счастью, поднявшийся ветер позволяет нам бежать с театра военных действий. Ганс по-прежнему стоит у руля. Дядюшка, отвлечённый разыгравшейся битвой от размышлений, которыми он был поглощён, вновь погружается в созерцание моря.

Путешествие снова принимает однообразный характер, но это однообразие я всё же не променял бы на опасное разнообразие вчерашнего дня.

Четверг, 20 августа. Ветер северо-восточный, довольно изменчивый. Тепло. Мы плывём со скоростью трёх с половиной лье в час.

Около полудня послышался отдалённый гул. Я лишь отмечаю факт, не входя в объяснение его. Гул не стихает.

— Должно быть, где-то вдалеке, — говорит профессор, — волны разбиваются о прибрежные утёсы или о какой-нибудь скалистый островок.

Ганс взбирается на мачту, но не подаёт сигнала о близости какой-либо отмели. Море стелется ровной гладью до самой линии горизонта.

Проходит три часа. Кажется, что мы слышим рёв отдалённого водопада.

Я высказываю своё мнение дядюшке, но он качает головой. Однако я убеждён, что не ошибаюсь. Неужели же мы несёмся навстречу водопаду, который низвергнет нас в бездну?

Возможно, что этот способ спускаться вниз и придётся по душе профессору, ведь он мало чем отличается от спуска по вертикали, но я...

Во всяком случае, в нескольких милях от нас, с подветренной стороны, видимо, происходит какое-то явление, порождающее этот гул, потому что теперь сила звука сильно возросла. Откуда же исходит этот грохот — с неба или с океана?

Я вглядываюсь в облака водяных паров, висящие в атмосфере, и стараюсь проникнуть в их толщу. Небо спокойно. Облака, поднявшись к самому своду, казалось, так и застыли на месте, растворяясь в холодных излучениях светила. Причину гула приходится, следовательно, искать в другом месте.

И я вопрошаю тогда прозрачный и совершенно безоблачный горизонт. Вид его неизменен. Но если гул объясняется близостью водопада или тем, что море низвергается в какой-нибудь подземный водоём, и этот рёв исходит от ниспадающей водной массы, то ведь течение должно стать более быстрым и бурным, и мы сможем почувствовать угрожающую нам опасность. Я наблюдаю течение. На море ровная зыбь. Пустая бутылка, брошенная в море, держится на воде.

Около четырёх часов Ганс снова взбирается на мачту, обозревает сверху весь полукруг, описываемый перед нами океаном, и взгляд его останавливается на одной точке. Его лицо не выражает изумления, но он глаз не сводит с этой точки.

— Он что-то увидел, — говорит дядюшка.

— Как будто!

Ганс спускается, указывает рукой на юг и говорит:

— Der nere!

— Там? — переспрашивает дядюшка.

И, хватая подзорную трубу, он внимательно смотрит в неё целую минуту, которая кажется мне вечностью.

— Да, да! — кричит он.

— Что же вы видите?

— Огромный столб воды, вздымающийся над морем.

— Опять какое-нибудь морское чудовище?

— Может быть.

— Так повернём на запад; ведь мы знаем, как опасно встречаться с этими первобытными морскими гадами!

— Будем плыть, как плыли, — отвечает дядюшка.

Я обращаюсь к Гансу. Ганс с невозмутимым спокойствием управляет рулём.

Однако если на расстоянии по крайней мере двенадцати лье можно различить струю воды, то животное должно быть сверхъестественной величины. Самая обыкновенная осторожность требовала бежать. Но мы не для того прибыли сюда, чтобы соблюдать осторожность.

И мы плывём, как плыли! Чем ближе мы подплываем, тем огромнее становится водяной столб. Какое же чудовище может вмещать в себе такое количество воды и беспрерывно его выбрасывать?

В восемь часов вечера мы находимся всего лишь в двух лье от животного. Его огромная туша вздымается в море, подобно островку. Обман зрения или страх? Но мне кажется, что длина этого чудовища превышает тысячу туазов! Что же это за китообразное животное, о существовании которого не подозревали ни Кювье, ни Блюменбах? Оно лежит неподвижно, словно спит; море, по-видимому, не в силах его поднять, и только волны плещутся о его бока. Водяной столб, высотою в пятьсот футов, падает с оглушительным шумом, как дождь. А мы, безумцы, плывём прямо к этой чудовищной туше, которую не насытила бы и на один день целая сотня китов.

Мною овладевает ужас. Я не хочу плыть дальше! Если понадобится, я разрублю снасть! Я возмущаюсь профессором, но он не обращает на меня никакого внимания.

Вдруг Ганс встаёт, указывает пальцем на угрожающую точку и говорит:

– Holme!

– Остров! – кричит дядюшка.

– Остров? – говорю я, пожимая плечами.

– Очевидно, – отвечает профессор и раскатисто хохочет.

– Но этот водяной столб?

– Geyser! – говорит Ганс.

– Конечно, гейзер! – отвечает дядюшка. – Гейзер, подобный тем, какие существуют в Исландии![1] Сначала я никак не хотел согласиться с тем, что мог так грубо ошибиться: принять островок за морское чудовище! Но очевидность доказывает противное, и я принуждён, наконец, признаться в своей ошибке. Просто-напросто: естественное явление!

Чем ближе мы подплывали, тем грандиознее представлялись нам размеры водяной струи. Островок в самом деле удивительно похож на китообразное животное, голова которого поднимается над морем на десять туазов. Гейзер – в Исландии произносят: «гейсер», что означает «ярость», – величественно вздымается на берегу островка. Время от времени раздаётся глухой взрыв, и мощная струя воды, как бы в припадке ярости, взлетает до самых облаков, разбрасывая вокруг целые снопы пара. Водяной столб, и ничего больше! Ни трещинных излияний, ни горячих источников, ничего, кроме этого водяного столба вулканического происхождения! Космические излучения, пропуская свои лучи сквозь призму водяных капель, создавали феерическое впечатление.

– Пристанем к берегу, – говорит профессор.

[1] G e y s e r H e c l a – «Горячий ключ», находящийся у подножия Геклы.

Но необходимо осторожно обогнуть этот водяной столб, который моментально пустил бы наш плот ко дну. Ганс, искусно маневрируя, пристаёт к острову.

Я выскакиваю на скалу. Дядюшка проворно следует за мной, и только охотник остаётся на своём посту, как человек, привыкший ничему не удивляться.

Мы ступаем по граниту, смешанному с кремнистым туфом; земля дрожит под нашими ногами, как перегретый паровой котёл, от неё пышет жаром. Мы подходим к небольшому водоёму, из которого бьёт горячий ключ. Я опускаю в кипящую воду термометр, и он показывает сто шестьдесят три градуса.

Значит, вода выходит из раскалённого очага. Это решительно противоречит теориям профессора Лиденброка. Я не могу не отметить этого факта.

— Ну и что ж? — возражает он. — Что в этом такого, что говорило бы против моей теории?

— Ничего, — отвечаю я сухо, видя, что имею дело с неисправимым упрямцем.

Всё же должен признаться, что нам до сих пор удивительно везло и что, по неизвестной мне причине, наше путешествие совершается при благоприятных условиях температуры; но мне кажется очевидным, даже несомненным, что мы рано или поздно окажемся в таких местах, где центральный жар достигнет наивысшей степени и выйдет за пределы всех термометрических измерений.

— Поживём — увидим! — говорит профессор. И, назвав вулканический островок именем своего племянника, он даёт знак к отплытию. Я ещё несколько минут наблюдаю за гейзером. Я замечаю, что его струя бьёт вверх неравномерно, что иногда сила её уменьшается, потом снова возрастает; я приписываю это явление неравномерному давлению паров, скопившихся в его хранилище.

Наконец мы отплываем, обходя чрезвычайно крутые южные скалы. Ганс во время остановки привёл плот в порядок.

Перед отплытием я произвожу несколько наблюдений, чтобы определить пройденное расстояние, и записываю результаты в свой журнал. Мы прошли со времени нашего отплытия из бухты Гретхен двести семьдесят лье и находимся в шестистах двадцати лье от Исландии, под Англией.

ГЛАВА ТРИДЦАТЬ ПЯТАЯ

П*ятница, 21 августа.* На другой день великолепный гейзер исчез из виду. Свежий ветер уносит наш плот от острова Акселя. Рёв воды мало-помалу затих.

Погода, если позволено так выразиться, скоро переменится. Атмосфера насыщается парами, которые вбирают в себя электричество, порождаемое испарением солёной воды; тучи всё ниже нависают над морем и принимают однообразную оливковую окраску; электрические лучи едва пробиваются сквозь густую завесу, опущенную над сценой, где должна разыграться бурная драма.

Я переживаю совершенно особое состояние, свойственное всякому живому существу на земле перед стихийным бедствием. Слоисто-кучевые облака на южной стороне горизонта являют собой грозное зрелище: в них есть нечто неумолимое, как это наблюдается перед грозой. Воздух удушливый, море спокойное.

Облака скопляются в плотные, тяжёлые хлопья, расположенные в живописном беспорядке; постепенно эти хлопья взбухают, количество их уменьшается, но зато увеличивается их объём, и плотность их такова, что они не могут отделиться от горизонта; но усиливающийся ветер гонит облака вверх, и они понемногу сливаются воедино, темнеют и скоро образуют один грозный слой; порою клуб пара, ещё пронизанный лучом света, врывается в этот сероватый покров и вскоре исчезает в его пустой массе.

Атмосфера, очевидно, насыщена электричеством: я весь пропитан им; волосы мои становятся дыбом, словно при приближении к электрической машине. Мне кажется, что если бы мои спутники дотронулись до меня в эту минуту, они получили бы сильный удар.

В десять часов утра признаки бури становятся ещё ощутимее.

Мне не хочется ещё верить угрозам неба, и всё же я не могу не сказать:

– Готовится буря!

Профессор не отвечает. Он в убийственном настроении, в которое его приводит эта безбрежная водная пустыня. Он только пожимает плечами.

– Будет гроза, – говорю я, указывая на горизонт. – Тучи нависают над морем, словно собираются раздавить его!

Полнейшая тишина. Даже ветер стих. Природа как бы замерла, ни дуновения... Поднятый парус висит складками на мачте, и на её конце я замечаю уже блуждающий огонёк святого Эльма[1]. Плот застыл на мёртвой морской зыби. Но раз мы не плывём, к чему же парус, ведь это может погубить нас при первом же порыве ветра?

– Спустить парус, – говорю я, – убрать мачту! Так будет благоразумнее!

– Нет, чёрт возьми! – кричит дядюшка. – Ни за что! Пусть подхватит нас ветер! Пусть мчит нас буря! Должен же я, наконец, увидеть прибрежные скалы, хотя бы наш плот разбился о них в щепки!

Не успел ещё дядюшка окончить свою тираду, как южная часть горизонта изменила свой вид. Грозовые тучи разражаются ливнем; воздух бурно врывается в пустое пространство, образовавшееся от сгущения паров, заполняет его и порождает ураган. Буря исходит из самых недр пещеры. Темнеет. Мне с трудом удаётся сделать ещё несколько отрывочных заметок.

Плот бросает то вверх, то вниз. Ветер сбивает с ног дядюшку. Я подползаю к нему. Он держится за кусок каната и, по-видимому, с удовольствием наблюдает игру разбушевавшихся стихий.

Ганс не шевельнётся. Длинные волосы, развеваемые ветром, окутывают его каменное лицо и придают ему тем более оригинальный вид, что на концах волос загораются искры. Он похож на первобытного человека.

Однако мачта ещё держится. Парус надувается, как наполненный воздухом пузырь, готовый лопнуть. Плот несётся со скоростью, которую я не в состоянии определить, но всё же в скорости он уступает грозовой туче: дождевые капли начинают бить прямо по плоту.

– Парус, парус! – кричу я, делая знаки спустить его.

– Нет! – отвечает дядюшка.

– Nej, – говорит Ганс, слегка качая головой.

Между тем дождь, точно низвергающийся водопад, застилает горизонт, а мы, как безумные, несёмся всё вперёд! Не успевает ливень обрушиться на нас, как тучи разверзаются, вздымаются волны и электричество, скопившееся в выс-

[1] Огни святого Эльма (Эразма) – разряд в форме светящихся пучков, возникающий на острых концах высоких предметов (башни, мачты, острые вершины скал и т. п.). Чаще всего бывает во время грозы или при её приближении, и зимой во время метелей. Название явление получило от имени святого Эльма (Эразма) – покровителя моряков в католической религии.

ших слоях атмосферы благодаря химическим процессам, начинает свою игру. Молнии рассекают гранитный свод; удары грома следуют один за другим; вся масса паров раскаляется; град, пронизанный ярким светом, ударяется о наши инструменты и приборы, и разбушевавшиеся воды будто полыхают огнём.

Глаза мои ослеплены, уши — оглушены; я должен крепко держаться за мачту, которая гнётся, как тростник, от порывов ветра!..

. . . .

. . . .

(Тут мои путевые записки становятся весьма неполными. Я могу делать лишь беглые заметки, так сказать, на лету! Но в их немногословности, даже в нечёткости почерка, таится отпечаток чувств, владевших мною в ту пору; и они лучше, чем моя память, передают впечатления тех дней.)

. . . .

. . . .

Воскресенье, 23 августа. Где мы? Куда унесло нас?

Ночь была ужасающая. Ураган не утихает.

Мы живём среди рёва бури и непрерывных раскатов грома. Из ушей течёт кровь. Нельзя обменяться ни единым словом.

Молнии сверкают беспрестанно. Я вижу, как зигзаги молний, коснувшись водной поверхности, снова взвиваются вверх, ударяясь о гранитный свод. А что, если свод обрушится? Иной раз молния раскалывается или же принимает форму огненного шара, который разрывается, как бомба. Разгул стихий как будто не возрастает; он достиг той высшей степени, какую может вынести человеческое ухо. Тучи мечут огни; электричество разряжается, не переставая; тысячи водяных столбов взлетают в воздух и снова падают во вспененные волны.

Куда мы несёмся?.. Дядюшка лежит, растянувшись во весь рост, на краю плота.

Жар усиливается. Я смотрю на термометр, он показывает... (цифра стёрта).

Понедельник, 24 августа. Буре конца не будет! Отчего бы состоянию этой столь плотной атмосферы, раз изменившись, не стать окончательным?

Мы изнемогаем от усталости. Ганс всё тот же. Плот неизменно несётся к юго-востоку. Мы находимся на расстоянии свыше двухсот лье от острова Акселя.

В полдень ветер крепчает; приходится крепко привязать к плоту все предметы, составляющие наш груз. Мы также привязываем и самих себя. Волны перекатываются через наши головы. За последние три дня нельзя перекинуться ни единым словом. Открываем рот, шевелим губами, но ни одного внятного слова не удаётся произнести: даже если пробуем говорить в самое ухо, и то ничего не слышим.

Дядюшка приближается ко мне, что-то говорит. Мне кажется, он хочет сказать: «Мы погибли!» Однако я не уверен в этом.

Я пишу ему: «Спустим парус!»

Он знаком выражает своё согласие. И вдруг огненный шар падает на плот. Мачта и парус мгновенно взлетают в воздух, точно какой-то птеродактиль — фантастическая птица первых веков.

Мы цепенеем от ужаса. Шар, бело-лазоревый, величиной с десятидюймовую бомбу, медленно перекатывается с одного места на другое, вскакивает на мешок с провизией, снова тихонько соскальзывает, подпрыгивает, чуть не задевает ящик с порохом. О, ужас! Мы взлетим на воздух! Нет, сверкающий диск катится дальше: приближается к Гансу, который глаз от него не отрывает, затем к дядюшке; тот бросается на колени, чтобы увернуться от него; потом ко мне, мертвенно бледному и дрожащему от нестерпимого блеска и жара; шар вертится около моей ноги; я пытаюсь ногу отдёрнуть. Но это мне не удаётся.

Запах озона наполняет воздух, проникает в гортань и лёгкие. Мы задыхаемся.

Отчего же я не могу отдёрнуть ногу? Электрический шар намагнитил всё железо на плоту: приборы, инструменты, оружие начинают перемещаться и со звоном ударяются друг о друга; гвозди на моих башмаках плотно пристали к железной пластинке, вставленной в дерево. Вот почему я не могу отдёрнуть ногу!

Наконец с громадным усилием мне удаётся освободить ногу в то самое мгновение, когда шар в своём вращательном движении подбирается уже к ней...

Ах, какой ослепительный свет! Тут шар взрывается! Мы облиты огненными струями!

Потом всё гаснет. Я успеваю только рассмотреть, что дядюшка лежит на плоту, а Ганс по-прежнему сидит за рулём и «извергает огонь», потому что насквозь пропитан электричеством!

Куда мы плывём? Куда?

. . . .

Вторник, 25 августа. Я прихожу в себя после длительного обморока. Гроза продолжается; молнии сверкают, извиваясь, как клубок змей.

Неужели мы всё ещё на море? Да, и несёмся с невероятной скоростью! Мы проплыли под Англией, под Ла-Маншем, Францией, а быть может и под всей Европой!

. . . .

Снова слышится гул! Очевидно, волны разбиваются о скалы!.. Но тогда...

. . . .

. . . .

ГЛАВА ТРИДЦАТЬ ШЕСТАЯ

На этом заканчиваются записи моего, как я его назвал, «корабельного журнала», который мне удалось спасти во время крушения. Буду продолжать свой рассказ.

Что произошло во время крушения плота, наскочившего на подводные камни, я не могу сказать. Я почувствовал, что упал в воду; и если я избежал смерти, если тело моё не было разбито об острые утёсы, то этим я обязан Гансу, который вытащил меня своей сильной рукой из пучины.

Мужественный исландец отнёс меня подальше от набегавших волн на горячий песок, где я очутился рядом с дядюшкой.

Потом он вернулся обратно на скалистый берег, о который бились разъярённые волны, чтобы спасти что-нибудь из нашего имущества, уцелевшего от катастрофы. Я не мог говорить; я был разбит от волнения и усталости; мне понадобился целый час, чтобы прийти в себя.

Дождь лил как из ведра; дождь припустил ещё пуще, но это последнее усилие предвещало конец грозы. Казалось, хляби небесные разверзлись, но мы укрылись от ливня под выступом скалы. Ганс приготовил обед, до которого я не дотронулся, потом мы все, измученные трёхдневной бессонницей, погрузились в мучительный сон.

На следующий день погода была великолепная. Небо и море слились воедино. Не осталось и следов бури. Профессор радостно приветствовал меня, когда я проснулся. Он был необыкновенно весел.

– Ну, мой мальчик, – воскликнул он, – хорошо ли ты спал?

Как было не вообразить, что мы находимся в доме на Королевской улице, что я, как обычно, спускаюсь к завтраку, что нынче будет сыграна моя свадьба с Гретхен?

Ах, если бы буря унесла плот на запад, мы прошли бы под Германией, под моим родным городом Гамбургом, под той улицей, где живёт самое дорогое для меня существо! Сорок лье, не более, разделяли бы нас тогда! Но сорок лье только в вертикальном направлении, сквозь толщу гранита, а в действительности свыше тысячи лье!

Все эти мучительные мысли пронеслись в моём уме прежде, чем я ответил на вопрос дядюшки.

– Ну что же, – снова заговорил он, – у тебя как будто нет охоты ответить мне, хорошо ли ты спал?

– Очень хорошо, – ответил я, – я ещё разбит, но это пустяки!

– Конечно, пустяки, небольшое утомление, вот и всё!

– Но вы, кажется, очень веселы сегодня, дядюшка?

– Я в восторге, мой мальчик, в восторге! Мы достигли...

– Цели нашего путешествия?

– Нет, конца этого моря, казавшегося бескрайним. Теперь мы снова пойдём сухим путём и действительно углубимся в недра Земли.

– Дядюшка, позвольте мне задать вам один вопрос.

— Пожалуйста, Аксель, спрашивай!

— А как же с возвращением?

— С возвращением? Ты думаешь о возвращении, когда мы ещё не достигли цели!

— Нет, я хочу только спросить, каким способом мы вернёмся?

— Простейшим способом, какой только может быть! Стоит нам дойти до центра сфероида, и мы или найдём новую дорогу, чтобы вернуться на поверхность Земли, или же преспокойно пойдём назад по пройденному уже пути. Надеюсь, что он не закроется за нами.

— В таком случае надо исправить плот.

— Безусловно необходимо.

— Но хватит ли съестных припасов для выполнения этого столь грандиозного плана?

— Да, несомненно. Ганс дельный малый и, наверно, спас большую часть груза. Впрочем, удостоверимся в этом сами.

Мы покинули грот, открытый всем ветрам. Я питал надежду, переходившую в тревогу: мне казалось невозможным, чтобы при страшном ударе плота о скалы наш груз не пошёл прахом. Но я ошибался. Подойдя к берегу, я увидел Ганса среди груды вещей, разложенных по порядку. Дядюшка пожал ему руку с выражением живейшей благодарности. Этот человек, в своей, возможно беспримерной, сверхчеловеческой преданности, работал, пока мы спали, и, рискуя своей жизнью, спас самые ценные предметы.

Нет слов, мы понесли довольно значительные потери; короче сказать, погибло наше оружие; но в конце концов можно было обойтись и без него! Запас пороха уцелел во время грозы, а ведь был момент, когда мы, по его милости, чуть не взлетели на воздух!

— Что же! — воскликнул профессор. — Раз нет ружей, придётся отказаться от охоты.

— Хорошо, а приборы?

— Вот манометр! Он больше всего необходим, я отдал бы за него всё остальное! Манометром я могу определять глубину. А без него мы рискуем прозевать центр Земли и вынырнуть нежданно-негаданно где-нибудь на южном полушарии.

Дядюшкины шутки были несносны.

— А компас? — спросил я.

— Вот он тут, на скале, в полном порядке, так же как хронометр и термометр. Наш охотник прямо-таки драгоценный человек!

С этим пришлось согласиться; что же касается приборов, всё было налицо. По части инструментов и утвари, я заметил разложенные на песке лестницы, верёвки, кирки и прочее.

Однако надо было выяснить также вопрос о съестных припасах.

— А провизия? — спросил я.

— Давай посмотрим, — ответил дядя.

Ящики со съестными припасами находились на берегу в полной исправности; море пощадило бóльшую часть из них, и в общем, располагая запасом сухарей, мяса, водки и рыбы, можно было прожить ещё целых четыре месяца.

— Четыре месяца! — воскликнул профессор. — Времени достаточно, чтобы вновь повторить этот путь. А из остатков провизии я дам торжественный обед моим коллегам по Иоганнеуму!

Я уже давно мог бы свыкнуться с темпераментом дядюшки, и всё же этот человек постоянно удивлял меня.

— А теперь, — сказал он, — запасёмся на всякий случай дождевой водой, наполнившей во время грозы все гранитные водоёмы, и тогда нам нечего будет опасаться жажды. Что касается плота, то пусть Ганс починит его, хотя я думаю, что он нам больше не понадобится!

— Как так? — воскликнул я.

— Мне так думается, мой мальчик! Я полагаю, что мы вернёмся не той дорогой, какою пришли сюда.

Я посмотрел на профессора с некоторым недоверием. Я спросил себя, уж не сошёл ли он с ума? И однако: «Он сам не знал, насколько был прав!»

— А теперь позавтракаем, — предложил он.

Я вскарабкался вслед за ним на высокий мыс, куда он направился, отдав нужные указания охотнику. Здесь мы отлично подкрепились сушёным мясом, сухарями и чаем, и я должен сознаться, что это был один из вкуснейших завтраков в моей жизни. Потребность в пище, свежий воздух, отдых после пережитых потрясений — всё это способствовало возбуждению аппетита.

Во время завтрака я спросил дядюшку, где мы находимся в настоящую минуту.

— Мне кажется, — сказал я, — это трудно вычислить.

— Вычислить точно, — отвечал он, — пожалуй, даже невозможно, так как во время трёхдневной грозы я не мог отмечать скорости движения и направления плота; но мы можем приблизительно определить место нашего нахождения.

— Действительно, последнее наблюдение было произведено нами на острове Гейзера...

— На острове Акселя, мой мальчик. Не отказывайся от чести дать своё имя первому острову, открытому в недрах земного шара.

— Пусть будет так! До острова Акселя мы сделали по морю приблизительно двести семьдесят лье и находились на расстоянии шестисот с лишним лье от Исландии.

— Пожалуй! Исходя из этого и считая четыре дня бури, во время которой скорость нашего движения не могла быть менее восьмидесяти лье в сутки...

— Значит, это составит ещё триста лье.

— Да, а ширина моря Лиденброка от одного берега до другого достигает, стало быть, шестисот лье, что ты скажешь, Аксель? Ведь оно может, пожалуй, поспорить по своей величине со Средиземным морем?

— Да, в особенности если мы переплыли его в ширину!

— Это вполне возможно!

— И вот что интересно, — прибавил я, — если наши расчёты верны, то над нашими головами лежит теперь это самое Средиземное море.

— В самом деле?

— В самом деле! Ведь мы находимся в девятистах лье от Рейкьявика!

— Недурное путешествие, мой мальчик! Но утверждать, что мы находимся теперь под Средиземным морем, а не под Турцией или Атлантическим океаном, можно только в том случае, если мы не уклонились от взятого раньше направления.

— Но ведь ветер, кажется, не менялся, и я думаю поэтому, что этот берег лежит к юго-востоку от бухты Гретхен.

— Хорошо, в этом легко убедиться, взглянув на компас. Посмотрим, что он указывает!

Профессор направился к скале, на которой Ганс разложил приборы. Он был весел, шутлив, потирал руки! Он совсем помолодел! Я последовал за ним, любопытствуя поскорее узнать, не ошибся ли я в своём предположении.

Когда мы дошли до скалы, дядюшка взял компас, положил его горизонтально и взглянул на магнитную стрелку, которая, качнувшись, остановилась неподвижно. Дядюшка поглядел, потом протёр глаза и снова поглядел. Наконец он с изумлением повернулся ко мне.

— Что случилось? — спросил я.

Он предложил мне посмотреть на прибор. У меня вырвался крик удивления. Стрелка показывала север там, где мы предполагали юг! Она поворачивалась в сторону берега, вместо того чтобы указывать в открытое море!

Я встряхнул компас, осмотрел его; прибор был в полной исправности. Но в какое бы положение мы ни приводили стрелку, она упорно указывала непредвиденное нами направление.

Таким образом, не оставалось никакого сомнения, что во время бури ветер незаметно для нас переменился и пригнал плот обратно к тому самому берегу, который дядюшка считал оставленным далеко позади.

ГЛАВА ТРИДЦАТЬ СЕДЬМАЯ

Я не в состоянии описать те чувства, которые последовательно овладели профессором Лиденброком: его изумление, сомнение и, наконец, гнев. Никогда я не видал человека, сперва столь обескураженного, потом столь раздражённого. Утомительность переезда, перенесённые опасности — всё приходилось испытать снова! Мы вернулись назад, вместо того чтобы подвинуться вперёд!

Но дядя скоро овладел собою.

— Ах, какую шутку сыграла со мною судьба! — вскричал он. — Стихии вступают в заговор против меня! Воздух, огонь и вода соединёнными усилиями мешают моему путешествию! Хорошо же! Пусть изведают, на что способна моя сила воли. Я не покорюсь, не отступлю ни на шаг, и мы увидим, кто победит — человек или природа!

Стоя на скале, раздражённый и грозный, Отто Лиденброк, подобно неукротимому Аяксу, казалось, вызывал богов на поединок. Но я счёл уместным вмешаться, чтобы обуздать дядюшкин порыв бешенства.

– Послушайте меня, – сказал я ему решительным тоном, – всякое честолюбие должно иметь свои пределы. Нельзя бороться против невозможного; мы слишком плохо вооружены для морского путешествия; нельзя проплыть пятьсот лье на простой связке брёвен, с одеялом вместо паруса и шестом вместо мачты, да ещё против сильнейшего ветра. Мы не можем управлять плотом, мы станем игрушкою морской стихии. Будет безумием вторично предпринять эту рискованную переправу!

Я мог минут десять приводить целый ряд таких неопровержимых доводов, не встречая возражений, но только потому, что профессор не обращал на меня ни малейшего внимания и не слыхал ни одного моего слова.

– К плоту! – крикнул он.

Таков был его ответ. Я и просил и сердился, но всё было напрасно: я столкнулся с волей, более твёрдой, чем гранит.

Ганс тем временем закончил починку плота. Можно было подумать, что этот чудак угадывал дядюшкины планы. С помощью нескольких кусков «суртарбрандура» он снова скрепил плот. Парус был уже поднят, и ветер играл в его волнующихся складках.

Профессор сказал несколько слов проводнику, и тот немедленно стал грузить багаж на плот и готовиться к отплытию. Воздух был довольно чистый, и дул попутный северо-западный ветер.

Что же было мне делать? Восстать одному против двух? Немыслимо! Если б Ганс был на моей стороне! Но нет! Можно было подумать, что исландец отказался от собственной воли и дал обет самоотречения. От слуги, столь глубоко преданного своему господину, я ничего не мог добиться. Мне приходилось пускаться вместе с ними в путь.

Я собирался уже занять своё обычное место на плоту, но дядюшка удержал меня.

– Мы отплываем только завтра, – сказал он.

Я махнул рукой, как человек, на всё согласный.

– Нам ничего не следует упускать, – продолжал он, – и раз судьба занесла нас на это побережье, я сперва исследую его, а потом уже поеду.

Эти слова станут понятными, если иметь в виду, что хотя мы и вернулись к северному берегу, но не к тому месту, откуда раньше отплыли. Бухта Гретхен лежала, вероятно, западнее. Поэтому намерение внимательно исследовать побережье было вполне естественно.

— Итак, в поиски за открытиями! — сказал я.

И, предоставив Гансу продолжать его работу, мы отправились в разведку. Расстояние между нашей стоянкой у берега моря и подножием горных отрогов было весьма значительно. До первых отвесных скал было не менее получаса ходьбы. Под нашими ногами хрустели бесчисленные раковины всевозможных форм и величин, в которых жили животные первичного периода. Я заметил также огромные черепашьи щиты, диаметр которых нередко превышал пятнадцать футов. Они принадлежали гигантским глиптодонам плиоцена. Почва была покрыта множеством обломков и округлыми гальками, обточенными волнами и выброшенными на берег, где они отлагались слой за слоем. Это навело меня на мысль, что в былые времена море, вероятно, покрывало это пространство. На скалах, рассеянных по всему берегу, волны оставили явные следы разрушения.

Всё это могло до известной степени объяснить существование моря на глубине сорока лье под поверхностью земного шара. Но, по моему мнению, вся эта водная масса должна была постепенно погрузиться в недра Земли, и своим происхождением она, очевидно, обязана водам мирового океана, просочившимся сквозь какую-нибудь трещину в земной коре. Однако приходилось предположить, что эта трещина в настоящее время закрылась, ведь иначе пещера, или, вернее, огромный водоём, наполнилась бы до краёв в довольно короткое время. Возможно также, что вода в водоёме под действием внутриземного огня отчасти испаряется. Этим объясняется и образование облаков, нависших над нашими головами, и образование электричества, вызывающего грозы внутри плутонического грунта.

Такое объяснение явлений, свидетелями которых нам довелось быть, казалось мне удовлетворительным, ибо все чудеса природы, как бы необыкновенны они ни были, всегда объяснялись физическими законами.

Итак, мы шли по осадочным породам водного происхождения, как и все породы данного периода, столь широко распространённые на поверхности земного шара. Профессор внимательно осматривал всякую трещину в скале. Для него важно было исследовать глубину каждого отверстия, которое нам попадалось на глаза.

Мы прошли уже с милю по берегу моря Лиденброка, как порода вдруг приняла другой вид. Она была вся как бы перевёрнута в результате сильных вздыманий нижних слоёв земной коры. В некоторых местах провалы и поднятия слоёв свидетельствовали о мощном смещении земной коры.

Мы с трудом пробирались среди гранитных обломков, смешанных с кремнями, кварцем и аллювиальными отложениями, как вдруг перед нами открылось поле или, вернее, равнина, усеянная костями. Можно сказать, это было огромное кладбище, вмещавшее в себе в течение двадцати веков нетленный прах многих поколений. Взбросы наносной земли поднимались уступами. Они придавали местности волнистый вид и тянулись вплоть до самого горизонта, где и терялись в туманной дымке. Тут, на пространстве около трёх квадратных миль, была, быть может, запечатлена вся история органической жизни, лишь слабо начертанная в почве позднейшего происхождения. Однако нетерпение и любопытство увлекали нас вперёд. Под нашими ногами с треском рассыпались кости ископаемых доисторических животных, за обладание которыми поспорили бы музеи больших городов. Тысяча Кювье не могла бы справиться с восстановлением скелетов органических существ, покоившихся в этом великолепном костехранилище.

Я был поражён. Дядюшка воздел свои длинные руки к мощному своду, заменявшему нам небо. Его широко открытый рот, сверкавшие из-за очков глаза, покачивание головою, сверху вниз и справа налево, вся его поза выражали безграничное удивление. Он набрёл на неоценимую коллекцию лептотериев, мерикотериев, лофодонов, аноплотериев, мегатериев, мастодонтов, протопитеков, птеродактилей, всевозможных допотопных чудовищ, собранных тут точно ради него одного. Вообразите себе физиономию страстного библиомана, вдруг очутившегося в знаменитой Александрийской библиотеке, сожжённой Омаром и чудом возникшей из пепла! Таков был мой дядюшка, профессор Лиденброк! Каково же было удивление дядюшки, когда, бродя среди этих органических останков, он нашёл череп!

Дядюшка закричал дрожащим голосом:

– Аксель, Аксель, человеческий череп!

– Человеческий череп, дядя! – ответил я, поражённый не менее его.

– Да, племянник! О, Мильн-Эдвардс! О, Катрфаж![1] Отчего нет вас здесь, где нахожусь я, Отто Лиденброк!

ГЛАВА ТРИДЦАТЬ ВОСЬМАЯ

Чтобы понять восклицание дядюшки, обращённое к этим знаменитым французским учёным, надо знать, что незадолго до нашего отъезда произошло событие, в высшей степени важное для палеонтологии.

28 марта 1863 года землекопами, работавшими под руководством Буше де Перта в каменоломнях Мулэн-Кюиньона близ Абдевиля, в департаменте Соммы, во Франции, была найдена на глубине четырнадцати футов под землёю человеческая челюсть. Это был первый ископаемый данного вида людей, изъятый из земли. Возле него нашли каменные мотыги и обтёсанные куски кремня, от времени покрытые плесенью.

Открытие наделало много шума не только во Франции, но и в Англии и в Германии. Некоторые учёные Французского института, между прочими Мильн-Эдвардс и Катрфаж, заинтересовавшись этим вопросом, доказали неоспоримую подлинность найденной кости и выступили самыми горячими борцами в «тяжбе по поводу челюсти», как выражались англичане.

К геологам Соединённого Королевства, признавшим несомненность этого факта, – Факонеру, Беску, Карпентеру и прочим, – присоединились немецкие учёные, и среди них, первым и самым восторженным, оказался мой дядюшка Лиденброк.

Подлинность ископаемого человека четвертичной эпохи казалась неоспоримо доказанной и признанной.

Но эта теория встретила яростного противника в лице Эли де Бомона. Высокоавторитетный учёный утверждал, что горные породы Мулэн-Кю-

[1] Жан-Луи-Арман Катрфаж (1810–1892) – известный французский зоолог и антрополог.

иньона не относятся к формациям дилювия, а принадлежат к менее древней формации, и, будучи в этом отношении единомышленником Кювье, не допускал мысли, чтоб род человеческий возник вместе с животными четвертичной эпохи. Дядюшка Лиденброк, в согласии с громадным большинством геологов, не уступал, спорил и приводил столь веские доводы, что Эли де Бомон остался почти единственным сторонником своей теории.

Мы знали все подробности дела, но нам не было известно, что со времени нашего отъезда выяснение этого вопроса подвинулось вперёд. Челюсти того же самого вида были найдены в рыхлой бесцветной почве некоторых пещер во Франции, Швейцарии и Бельгии, равно как и оружие, утварь, орудия, скелеты детей, подростков, взрослых и стариков. Существование человека четвертичного периода с каждым днём подтверждалось всё более и более.

Мало того! Останки, вырытые из юнейших пластов третичной геологической формации, позволили более смелым учёным приписать человеческому роду ещё более почтенный возраст. Правда, эти останки представляли собой не человеческие кости, а только изделия рук человеческих: большая берцовая кость и бедренные кости ископаемых животных, правильно обточенные, так сказать, высеченные скульптором, носили на себе отпечаток человеческого труда.

Таким образом, человек сразу поднялся по лестнице времён на много веков выше; он опередил мастодонта, стал современником «южного слона»; существование его исчисляется сотнями тысяч лет, поскольку геологи относят к тому времени наиболее известную плиоценовую формацию.

Таково было состояние палеонтологической науки. Поэтому станет понятным удивление и радость дядюшки, если прибавить к тому же, что, пройдя двадцать шагов, он натолкнулся на экземпляр человека четвертичного периода.

Сразу же можно было определить, что это человеческий скелет. Неужели сохранился он в течение целых столетий благодаря особым свойствам почвы, как на кладбище Сен-Мишель в Бордо? Этого я не сумею сказать. Но скелет, обтянутый пергаментной кожей, его ещё эластичные члены, — на вид по крайней мере! — крепкие зубы, густые волосы, ужасающей длины ногти на руках и на ногах — всё это представилось нашим взорам таким, каким тело было при жизни.

Я онемел перед призраком минувших времён. Дядюшка, обычно столь разговорчивый, тоже молчал. Мы подняли скелет. Поставили его стоймя.

Он смотрел на нас своими пустыми глазницами. Мы ощупали этот костяк, издававший звук при каждом нашем прикосновении.

После короткого молчания в дядюшке вновь заговорил профессор Отто Лиденброк; увлечённый горячностью темперамента, он забыл, в каких обстоятельствах мы находились, будучи пленниками этой пещеры. Он, несомненно, вообразил себя стоящим на кафедре перед слушателями, в Иоганнеуме, ибо принял наставительный тон, как бы обращаясь к воображаемой аудитории.

— Милостивые государи, — начал он, — имею честь представить вам человека четвертичного периода. Некоторые великие учёные отрицали его существование, другие, не менее великие, напротив, подтверждали. Теперь любой Фома неверующий от палеонтологии, будь он здесь, должен был бы, коснувшись его пальцем, признать свою ошибку. Мне хорошо известно, что наука должна относиться крайне осторожно к открытиям подобного рода! Я не могу не знать, какую выгоду извлекали разные Барнумы и прочие шарлатаны того же сорта из ископаемого человека! Мне известна история с коленной чашкой Аякса, с так называемым телом Ореста, якобы найденным спартанцами, и телом Астерии, длиною в десять локтей, о чём говорит Павзаний. Я читал сообщение по поводу скелета из Тропани, открытого в шестнадцатом веке, в котором пытались признать Полифема, и историю гигантов, вырытых из земли в шестнадцатом веке в окрестностях Палермо. Вы так же, как и я, прекрасно знаете результаты исследования костей огромных размеров, имевшего место в тысяча пятьсот семьдесят седьмом году в Люцерне, и, по утверждению известного врача Феликса Платера, принадлежавших гиганту в девятнадцать футов! Я с жадностью прочёл трактат Коссаниона и все опубликованные хроники, брошюры, доклады и дискуссии по поводу скелета Тезтобокха, короля кимвров, захватчика Галлии, выкопанного в провинции Дофине в тысяча шестьсот тринадцатом году! В восемнадцатом веке я боролся бы на стороне Пьера Компе против преадамитов Шойхцера! У меня была в руках рукопись, озаглавленная: «Гиган...»

Тут сказался природный недостаток дядюшки: выступая публично, он запинался на каждом слове, трудном для произношения.

— Рукопись, озаглавленная: «Гиган...»

Он не мог выговорить это слово.

— «Гиганта...»

Немыслимо! Злополучное слово застревало на языке! И хорошо же посмеялись бы в Иоганнеуме!

— «Гигантогеология»! — произнёс, наконец, профессор Лиденброк, дважды выругавшись.

Далее всё пошло гладко.

— Да, господа! — продолжал он, воодушевляясь. — Мне известны все эти истории! Я знаю также, что Кювье и Блюменбах признали в упомянутых костях попросту кости мамонта четвертичного периода и других животных. Но сомнение было бы оскорблением, нанесённым науке! Труп перед вами! Вы можете видеть и осязать его. Это не просто скелет, а настоящее тело, избежавшее тления исключительно в интересах антропологии!

Я рад был бы не оспаривать этого утверждения.

— Если бы я мог промыть его в растворе серной кислоты, — говорил между тем дядюшка, — я бы очистил его от земли и удалил с него все приставшие к нему блестящие ракушки. Но у меня нет драгоценного растворителя! И всё же, даже в таком виде, этот человеческий остов сам расскажет нам собственную историю!

Тут профессор схватил скелет ископаемого и стал повёртывать его во все стороны, выказывая ловкость рук фокусника.

— Вы видите, — продолжал он, — ископаемый человек едва достигает шести футов. Принадлежит он бесспорно к кавказской расе. К расе белых, как и мы! Череп ископаемого правильной яйцевидной формы, скулы не выдаются, челюсть развита нормально. В нём нет никаких признаков прогнатизма, отметиной которого является острый лицевой угол. Измерьте этот угол. Он почти близок к прямому. Но я иду ещё дальше по пути логического мышления и даже осмелюсь утверждать, что этот человеческий образец принадлежит к роду Иафета, рассеянному от Индии до пределов Западной Европы. Не смейтесь, господа!

Никто не смеялся, но профессор, выступая с учёным докладом, привык к тому, что лица его слушателей расплывались в улыбке.

— Да, — продолжал он с удвоенным воодушевлением, — перед нами ископаемый человек, современник мастодонтов, костьми которых полон этот амфитеатр. Но как он попал сюда, какие пласты земной коры хранили это тело, прежде чем оно оказалось в этом огромном полом пространстве земного шара, на это я не берусь ответить. Несомненно, что ископаемое относится к четвертичному периоду; неясности, заслуживающие пристального внимания, всё ещё обнаруживаются в коре земного шара; остывание нашей планеты порождает складчатость, трещины, сбросы, опускания верхних слоёв земной коры. Но, как бы то ни было, человек налицо, он окружён произведениями своих рук, топором, обточенным кремнем, этим ассортиментом каменного века; и я, будучи туристом, подобно ему, пионером в науке, не могу сомневаться в достоверности его древнего происхождения.

Профессор кончил, и я восторженно аплодировал ему. Впрочем, профессор был прав; и более учёные люди, чем его племянник, затруднились бы спорить с ним.

Новые находки. Ископаемое тело не было единственным в этом обширном костехранилище. На каждом шагу мы натыкались на трупы, и дядюшка имел полную возможность выбрать из них образцовый экземпляр для убеждения неверующих.

Поистине изумительное зрелище представляло это кладбище, где покоились останки многих поколений человеческих и животных особей. Но тут возникал важный вопрос, который мы не могли разрешить. Как оказались тут все эти существа? Не были ли они сброшены с поверхности Земли мёртвыми на берег моря Лиденброка во время землетрясения? Или же они жили в этом внутриземном мире, под этим искусственным небом, рождаясь и умирая, подобно обитателям Земли? До сих пор мы встретили живыми только морских гадов и рыб! Неужели и человек блуждал на этих пустынных берегах?

ГЛАВА ТРИДЦАТЬ ДЕВЯТАЯ

Вот уже полчаса ходим мы по этим грудам костей. Горячее любопытство влечёт нас всё дальше и дальше. Какие ещё чудеса, какие научные сокровища таила эта пещера? Я приготовился ко всяким неожиданностям, готов был всему изумляться.

Морской берег давно уже скрылся за кладбищенскими холмиками. Профессор мало беспокоился о том, что мы можем заблудиться, и увлекал меня вглубь. Мы шли молча, купаясь в электрических волнах. Этот рассеянный свет, происхождение которого я не могу объяснить, освещал все предметы равномерно; определённого фокуса, способного отбрасывать тень, не существовало. Водяные испарения совсем прекратились. Скалы, дальние горы, несколько неясные массивы леса вдали принимали причудливый вид благодаря равномерному распределению световых лучей.

Пройдя более мили, мы очутились у опушки исполинского леса, но уже не «грибного», как то было около бухты Гретхен.

Это была растительность третичного периода во всём её великолепии. Гигантские пальмы уже исчезнувших видов, превосходные пальмаситы, сосны, тиссовые деревья, кипарисы, туи, представлявшие собою семейство хвойных пород, были переплетены между собою непроницаемой сетью лиан. Пушистый ковёр мха и печёночника одевал землю. Ручьи журчали под их тенистой листвою, мало достойной этого эпитета, потому что деревья не отбрасывали тени. На опушке леса росли древовидные папоротники, напоминавшие папоротники, выращиваемые в теплицах. Но листва на деревьях, кустарниках, как и все здешние растения, была бесцветна из-за отсутствия живительной солнечной теплоты. Всё сливалось в этой однообразной, словно бы выцветшей окраске коричневатых тонов. Листва этой мощной растительности третичного периода, лишённая цвета и запаха, казалось, была вырезана из бумаги, вылинявшей на открытом воздухе.

Дядюшка Лиденброк отважился вступить в этот гигантский лес. Не без боязни последовал я за ним. Раз природа произвела такую здоровую и питательную растительность, отчего бы не водиться тут и опасным млекопитающим? Я замечал на широких прогалинах, которые образуют подточенные временем и поваленные наземь деревья, стручковые растения и множество кормовых трав, столь излюбленных жвачными животными всех периодов. Далее виднелись вперемешку деревья различных поясов земного шара: дуб рос около пальмы, австралийский эвкалипт соседствовал с норвежской сосной, северная берёза переплеталась с ветвями зеландского кавриса.

Внезапно я остановился и схватил дядюшку за руку.

Рассеянный свет позволял различить малейшие предметы в чаще леса. Мне показалось, что я увидел... Нет! Я в самом деле видел, своими собственными глазами, что между деревьями двигались какие-то огромные фигуры. Действительно, то были исполинские звери, стадо мастодонтов, не ископаемых, нет! а живых и похожих на тех, останки которых были найдены в 1801 году в болотах Огайо! Я видел громадных слонов, хоботы которых извивались под деревьями, подобно легиону змей. Я слышал, как своими длинными клыками они долбили древние стволы. Ветви трещали, и оборванная листва исчезала в широкой пасти чудовищ.

Весь мир доисторических времён, третичного и четвертичного периода, пригрезившийся мне во сне, предстал предо мной наяву! И мы были одни тут, в недрах Земли, во власти их хищных обитателей!

Дядюшка тоже видел их.

— Пойдём, — сказал он вдруг, хватая меня за руку, — вперёд, вперёд!

— Нет! — воскликнул я. — Нет! Мы безоружны! Что сможем мы сделать среди стада четвероногих гигантов? Уйдёмте, дядюшка, уйдёмте! Ни одно человеческое существо не может безнаказанно раздразнить этих страшилищ.

— Ни одно человеческое существо? — ответил дядюшка тихим голосом. — Ты ошибаешься, Аксель! Посмотри, посмотри-ка туда! Мне кажется, что я вижу живое существо! Существо, подобное нам. Человека!

Я посмотрел, пожимая плечами, решившись довести своё недоверие до крайних пределов. Однако мне пришлось сдаться перед очевидностью.

Действительно, не далее как за четверть мили от нас, прислонившись к стволу огромного кавриса, стояло человеческое существо. Протей этих подземных стран, новый сын Нептуна, пасший несметное стадо мастодонтов!

Immanis pecoris custos immanior ipse![1]

Да, immanior ipse. Это было уже не ископаемое, как тот скелет в костехранилище, а живой гигант, который мог управлять этими чудовищами. Рост его превышал двенадцать футов. Голова величиной с голову буйвола исчезала в целом лесе всклокоченных волос. Он размахивал огромной ветвью — посохом, достойным первобытного пастуха!

Мы стояли, остолбенев от ужаса. Но нас могли заметить. Надо было бежать.

— Идёмте, идёмте! — закричал я, увлекая за собой дядюшку, который впервые послушался меня!

Через четверть часа мы уже скрылись с глаз этого страшного врага.

А теперь, когда я спокойно вспоминаю об этом случае, когда хладнокровие снова вернулось ко мне и месяцы прошли со времени сверхъестественной встречи, что думать мне о ней? Неужели верить? Нет, невозможно!

[1] Стада гигантского стража и сам гигантоподобный (*лат.*).

То было просто зрительной галлюцинацией, этого не было в действительности! В этом подземном мире не существует ни одного человеческого существа! Допустить, чтоб человеческий род мог обитать в этой пещере, в недрах земного шара, не сообщаясь с Землёй, — полнейшая бессмыслица. Безумие, чистейшее безумие! Я скорее готов допустить существование какого-нибудь животного, строение которого походит на человеческое, какой-нибудь обезьяны первичной геологической эры, какого-нибудь протопитека, мезоритека, подобного тому, которого открыл Ларте[1] в залежах Сансане, заключающих в себе кости ископаемых животных! Но этот превосходил ростом все размеры, известные в современной палеонтологии! Ну и что ж? Обезьяна? Да, обезьяна, как бы ни было это невероятно! Но человек, живой человек, потомок целого ряда поколений, погребённых в недрах Земли!.. Да никогда не поверю!

Мы покинули призрачный и светозарный лес, немые от удивления, охваченные ужасом... Мы бежали помимо своей воли. Это было поистине паническое бегство, как бывает только в кошмарах. Мы устремлялись к морю Лиденброка, и я не знаю, что сталось бы со мною, если бы страх не заставил меня обратиться к более практическим наблюдениям.

Хотя я и был уверен, что эта девственная земля не носила на себе следов наших ног, я замечал всё же, что нагромождение скал напоминало порою скалы близ бухты Гретхен. Впрочем, это подтверждалось и указаниями компаса и нашим невольным возвращением на северный берег моря Лиденброка. Сходство иногда было поразительное. Ручьи и каскады низвергались по уступам скал. Мне казалось, что я узнаю куски «суртарбрандура», наш верный ручей Ганса и грот, где я вернулся к жизни. Но, пройдя несколько шагов, расположение какого-нибудь горного кряжа, какой-нибудь ручеёк, разрез скалы снова вызывали во мне сомнения.

Я поделился с дядюшкой своими сомнениями. Он колебался, как и я. Однообразие панорамы не позволяло дядюшке узнать местность.

— Очевидно, — сказал я, — мы пристали не к тому месту, откуда отплыли; буря прибила наш плот несколько выше, и если мы пойдём по берегу, то дойдём до бухты Гретхен.

[1] Эдуард Арман Исидор Ипполит Ларте (1801–1871) — французский юрист и палеонтолог.

— В таком случае, — отвечал дядюшка, — излишне продолжать разведки, и самое лучшее — вернуться к плоту. Но не ошибаешься ли ты, Аксель?

— Трудно утверждать, дядюшка, ведь все эти скалы похожи друг на друга. Однако мне кажется, что я узнаю мыс, у подножья которого Ганс строил плот. Мы, видимо, находимся близ какого-то залива, а, пожалуй, ведь это и есть бухта Гретхен! — прибавил я, изучая берега бухты, показавшейся мне знакомой.

— Нет, Аксель, мы наткнулись бы по крайней мере на наши собственные следы, а я ничего не вижу...

— А я вижу, — воскликнул я, бросившись к какому-то предмету, блестевшему на песке.

— Что такое?

— А вот что! — ответил я.

И я показал дядюшке заржавевший кинжал, поднятый мною с земли.

— А! — сказал он. — Так ты взял с собой это оружие?

— Я? Вовсе нет! Но вы...

— Нет, насколько я помню, — возразил профессор. — У меня никогда не было такого кинжала.

— Это странно!

— Нет, всё очень просто, Аксель! У исландцев часто встречается подобного рода оружие, и Ганс, которому оно принадлежит, вероятно, потерял его...

Я покачал головой. Кинжал Гансу не принадлежал.

— Возможно, это оружие первобытного воина! — воскликнул я. — Живого человека, современника великана пастуха? Но нет! Это оружие не каменного века! Даже не бронзового! Этот клинок из стали...

Тут дядюшка прервал мои домыслы, уводившие меня далеко в сторону, и прибавил холодно:

— Успокойся, Аксель, и образумься! Кинжал — оружие шестнадцатого века, настоящий кинжал с трёхгранным клинком, который рыцари укрепляли у пояса и которым наносили в бою последний удар. Кинжал испанского происхождения. Он не принадлежит ни тебе, ни мне, ни охотнику, ни даже человеческим существам, живущим, может быть, в недрах земного шара!

— Вы осмеливаетесь утверждать?..

– Смотри, его зазубрили не человекоубийством; клинок его покрыт ржавчиной, давность которой не один день, не один год, не целое столетие!

Профессор, по обыкновению, воодушевился, увлекаясь своей мыслью.

– Аксель, – продолжал он, – мы на пути к великому открытию! Этот клинок лежит здесь на песке лет сто, двести, триста лет, и зазубрился о скалы подземного моря!.

– Но не сам же он попал сюда! – воскликнул я. – Кто-нибудь был здесь до нас...

– Да! Человек...

– И этот человек...

– Этот человек высек своё имя этим кинжалом! Этот человек захотел ещё раз собственноручно указать путь к центру Земли! В поиски! В поиски!

И мы пошли вдоль высокой отвесной скалы, с чрезвычайным вниманием исследуя малейшие трещины, которые могли перейти в галерею.

Так мы дошли до места, где берег суживался. Море почти достигало подножия предгорий, оставляя не более одного туаза для прохода. Между выступами скал был виден вход в тёмный туннель.

Тут, на плоском гранитном камне, мы увидели две таинственные буквы, наполовину стёртые, – инициалы смелого и фантастического путешественника.

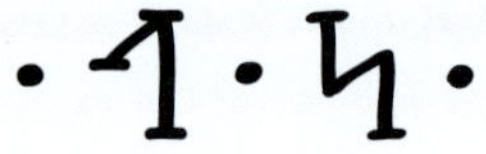

– А. С.! – вскричал дядюшка. – Арне Сакнуссем! Везде Арне Сакнуссем!

Глава сороковая

С самого начала путешествия я испытал так много необычайного, что мог считать себя застрахованным от неожиданностей и даже неспособным удивляться. Но всё же при виде этих двух букв, высеченных на скале триста лет назад, я был чрезвычайно изумлён. Мало того, что на скале высечено было имя учёного алхимика, в моих руках находился ещё стилет, которым он его вырезал! Невозможно более сомневаться в существовании путешественника и в действительности его путешествия.

Пока эти мысли кружились в моей голове, профессор Лиденброк отдал дань восторженному преклонению перед Арне Сакнуссемом.

— Гений, достойный удивления! — восклицал он. — Ты всё предусмотрел, чтобы облегчить смертным путь через кору земного шара во имя будущих открытий; и подобные тебе пойдут по твоим следам, которые ты оставил три века назад во мраке этих подземных глубин! Ты дал возможность потомкам созерцать эти чудеса! Твоё имя, высеченное то тут, то там твоею собственною рукою, указует отважному путнику дорогу к центру нашей планеты! Ну что ж! И я поставлю своё имя на этой последней гранитной странице! И да будет утёс у моря, открытого тобою, назван мысом Сакнуссема!

Восторг и воодушевление дядюшки передались и мне. Пафос его речи поднял мой упавший дух.

Я забыл все опасности путешествия и рискованность обратного пути. Я хотел совершить то же, что совершил другой, и ничто человеческое не казалось мне невозможным!

— Вперёд, вперёд! — воскликнул я.

Я устремился было к тёмной галерее, но профессор удержал меня. И он, этот пылкий человек, посоветовал мне быть более терпеливым и хладнокровным.

— Вернёмся сначала к Гансу, — сказал он, — и приведём сюда плот.

Не без досады я послушался его и быстро зашагал среди прибрежных скал.

— Знаете ли, дядюшка, — сказал я, идя рядом с ним, — нам замечательно везёт до сих пор!

— Вот как! Ты так думаешь, Аксель?

— Конечно! Даже буря удачно направила нас на верный путь. Будь благословенна гроза! Она приблизила нас к берегу, от которого хорошая погода удалила бы нас! Вообразите себе на минуту, что мы бы уткнулись носом в южный берег моря Лиденброка. Что сталось бы с нами? Имя Сакнуссема ускользнуло бы от наших глаз, и мы оказались бы теперь в безвыходном положении.

— Да, Аксель, это прямо-таки чудо, что мы, плывя к югу, были унесены на север к мысу Сакнуссема. Должен прямо сказать, что в этом факте есть нечто положительно необъяснимое!

– Э! Пустое! Нам нет нужды объяснять факты, а надо ими пользоваться!

– Конечно, мой мальчик, но...

– Мы снова берём курс на север, пройдём под северными странами Европы, Швецией, Россией, Сибирью, – кто знает, где ещё, – вместо того чтобы идти под пустынями Африки или океаническими водами!

– Да, Аксель, ты прав, и всё идёт к лучшему, раз мы покончили с плаваньем по горизонтали, которое ни к чему бы нас не привело. Теперь мы будем спускаться, ещё спускаться, всё время спускаться! Знаешь ли ты, что до центра Земли нам осталось всего полторы тысячи лье?

– Пустяки! – воскликнул я. – Об этом и говорить не стоит! В путь! В путь!

Мы вели подобные бредовые речи, пока не наткнулись на охотника. Всё было готово к немедленному отплытию, не был забыт ни один тюк! Мы взошли на плот, Ганс взялся за руль, и мы полным ходом пошли вдоль берега, к мысу Сакнуссема.

Ветер был неблагоприятен для такого судна, как наш плот. Поэтому иной раз нам приходилось прибегать к помощи шестов, чтобы двигаться вперёд. Скалы нередко вдавались в море, и мы принуждены были делать большие обходы. Наконец, после трёхчасового плавания, иначе говоря, около шести часов вечера, мы нашли место, удобное для высадки.

Я выскочил на землю, дядюшка и исландец последовали за мной. Этот переезд не охладил моего возбуждения. Напротив, я даже предложил «сжечь наши корабли», чтобы отрезать путь к отступлению. Но дядюшка был против этого. Я находил, что он чересчур хладнокровен.

– По крайней мере, – сказал я, – мы тронемся немедленно в путь.

– Согласен, мой мальчик, но необходимо сперва исследовать новую галерею, чтобы узнать, не нужно ли приготовить лестницы.

Дядюшка привёл в действие аппарат Румкорфа; плот был привязан к берегу. Впрочем, до отверстия в галерее было всего каких-нибудь двадцать шагов, и наш маленький отряд во главе со мной тотчас же направился к галерее.

Отверстие в скале, почти круглое, имело приблизительно пять футов в диаметре. Тёмный туннель был пробит в голых скалах и до гладкости отполирован продуктами вулканических извержений, которым он некогда служил выходом на земную поверхность. Нижний край отверстия находился в уровень с землёй, и в туннель можно было войти без труда.

Мы шли сначала по плоской, почти горизонтальной поверхности; но не успели мы сделать и шести шагов, как наш путь был преграждён огромной каменной глыбой.

— Проклятая глыба! — закричал я гневно, натолкнувшись на непреодолимое препятствие.

Как мы ни искали, и справа и слева, и сверху и снизу, мы не могли найти ни прохода, ни разветвления. Я чувствовал себя крайне раздосадованным и ни за что не хотел признать реальность преграды. Я нагнулся. Осмотрел глыбу снизу. Заглянул сверху. Ни единой расселины! Всё та же гранитная преграда! Ганс попробовал освещать лампой стену во всех направлениях, но нигде не обнаружил ни малейшего просвета. Приходилось отказаться от намерения идти дальше.

Я сел на землю; дядюшка ходил по коридору взад и вперёд большими шагами.

— Но как же прошёл Сакнуссем? — воскликнул я.

— Да, — сказал дядюшка, — неужели и ему преградила путь эта потайная дверь?

— Нет, нет! — живо возразил я. — Этот обломок скалы неожиданно заградил проход, вероятно, вследствие землетрясения или какого-либо магнитного явления, действующего в земной коре. Очевидно, галерея служила прежде путём для лавовых излияний и продуктов вулканических извержений. Взгляните-ка, гранитный потолок изборождён трещинами, по-видимому, недавнего происхождения. Они возникли в момент вулканического извержения, когда огромные камни проламывали галерею с такой силой, как будто тут поработала рука какого-нибудь гиганта! Но однажды, под более сильным давлением, в проход втиснулась и застряла в нём глыба, образовавшая как бы замок свода и заградившая весь путь. Эта преграда, которой не встретил Сакнуссем, появилась тут позднее. Нам нужно её устранить, иначе мы окажемся недостойны достичь центра Земли!

Вот как заговорил я! Дух профессора всецело овладел мною. Меня воодушевляла жажда открытий. Я забыл прошлое и пренебрегал будущим. Для меня уже ничего не существовало на поверхности сфероида, откуда я низвергся в бездны: ни городов, ни селений, ни Гамбурга, ни Королевской улицы, ни моей бедной Гретхен, вероятно, считавшей меня навсегда погребённым в недрах Земли!

– Что же, – заговорил дядюшка, – возьмёмся за кирку, возьмёмся за лом, проложим себе путь! Разрушим стены!

– Скала слишком крепка для лома! – воскликнул я.

– Ну а кирка!

– Но… толща стены слишком велика для кирки!

– Но…

– Но у нас есть порох! Заложим мину! Взорвём глыбу!

– Взорвём?

– Да! Нужно только выдолбить углубление в скале!

– Ганс, за работу! – закричал дядюшка.

Исландец немедленно принёс с плота кирку, чтобы пробить в стене углубление для мины. Работа была не из лёгких. Углубление должно было вместить двадцать килограммов пироксилина, разрушительная сила которого в четыре раза больше силы пороха.

Я был чрезвычайно возбуждён. Пока Ганс работал, я помогал дядюшке приготовить длинный фитиль.

– Мы пройдём! – сказал я.

– Конечно, пройдём, – подтвердил дядюшка.

В полночь сапёрные работы были закончены, заряд пироксилина был заложен в углубление, и фитиль, протянутый через всю галерею, оканчивался снаружи.

Одной искры было достаточно, чтобы привести в действие страшный снаряд.

– До завтра, – сказал профессор.

Пришлось покориться и ждать ещё целых шесть часов.

ГЛАВА СОРОК ПЕРВАЯ

Следующий день, четверг 27 августа, стал знаменательной датой этого внутриземного путешествия. Я не могу вспомнить о нём без ужаса, вызывающего сердцебиение. С этого дня наш разум, наши суждения, наша изобретательность не играют уже никакой роли — мы стали игрушкой явлений природы.

В шесть часов мы были уже на ногах. Приближался момент проложить себе при помощи пороха путь сквозь гранитную толщу.

Я добился чести поджечь фитиль. Затем я должен был присоединиться к моим спутникам, поджидавшим меня на плоту, который мы не разгружали, надеясь тотчас же отплыть в открытое море. Таким образом мы думали избежать последствий взрыва, действие которого могло распространиться за пределы гранитного массива.

По нашим расчётам фитиль должен был гореть минут десять, прежде чем взорвать порох. Следовательно, у меня было достаточно времени, чтобы вернуться на плот.

Я готовился выполнить свою задачу не без некоторого волнения.

Наскоро позавтракав, дядюшка и охотник отправились на плот, а я остался на берегу. При мне был зажжённый фонарь.

— Иди, мой мальчик, — сказал дядюшка, — и возвращайся к нам немедленно.

— Будьте спокойны, дядюшка, — отвечал я, — не замешкаюсь!

Я тотчас же направился ко входу в галерею. Открыл фонарь и взял в руки конец фитиля.

Профессор держал хронометр.

— Готово? — крикнул он мне.

— Готово!

— Так зажигай.

Я быстро поднёс фитиль к огню и опрометью бросился к берегу.

— Садись, — закричал дядюшка, — и отплывём!

Сильным толчком Ганс отбросил плот в море. Плот отошёл на двадцать туазов от берега.

Наступил тревожный момент. Профессор внимательно следил за стрелкой хронометра.

— Ещё пять минут... — считал он. — Ещё четыре! Три!

Пульс у меня лихорадочно бился.

— Ещё две! Одна!.. Обрушьтесь, гранитные горы!

Что произошло вслед за тем? Я не слышал взрыва. Но форма прибрежных утёсов внезапно изменилась у меня на глазах; скалы раздвинулись, как завеса. Бездонная пропасть разверзлась у самого берега. Море, словно охваченное вихрем головокружения, вздыбилось одной огромной волной, и на гребне этой волны оказался наш плот, почти в отвесном положении.

Мы были, все трое, сбиты с ног. Свет сменился глубочайшей тьмой. Я почувствовал, что исчезла надёжная опора, и не под моими ногами, а под плотом. Я подумал, что плот проваливается в бездну. Но этого не случилось. Мне хотелось обменяться словом с дядюшкой, но из-за шума воды он бы не услышал меня.

Несмотря на царивший мрак, рёв воды, испуг, смятение, я понял, что произошло.

За скалой, взлетевшей в воздух, открылась бездна. Взрыв произвёл настоящее землетрясение в этой почве, иссечённой трещинами; бездна разверзлась, и море, превратившееся в бешеный поток, увлекало нас с собой.

Я считал себя погибшим.

Прошёл час, два часа, не знаю, сколько именно! Мы прижимались друг к другу, держась за руки, чтобы не свалиться с плота. Порою плот ударялся о стену, и нас отчаянно встряхивало. Однако такие толчки случались редко, из чего я заключил, что галерея становилась значительно шире. Несомненно, это и был путь Сакнуссема; но мы спускались не одни, а, по вине своей неосторожности, вместе с морем!

Мысли эти, разумеется, мелькали в моей голове в расплывчатой, неясной форме. Мне стоило труда связно думать при этом головокружительном плавании, похожем на падение в пропасть. Судя по напору воздуха, хлеставшего мне в лицо, скорость движения плота превосходила скорость курьерских поездов. В этих условиях было невозможно зажечь факел, а наш последний электрический аппарат разбился во время взрыва.

Поэтому я был сильно изумлён, увидев близ себя вспыхнувший огонёк. Он осветил спокойное лицо Ганса. Ловкому охотнику удалось зажечь фонарь, и, хотя огонёк еле мерцал, он всё же хоть слабо, но разгонял эту кромешную тьму.

Галерея сильно расширилась. Я не ошибся. Тусклое освещение не позволяло видеть одновременно обе её стены. Мы низвергались в стремнину с быстротой, превосходившей силу падения самых бурных водопадов Америки. Поток, уносивший нас, напоминал связку водяных стрел, пущенных с невероятной силой. Я не могу привести сравнения, более образного!

Порою плот, подхваченный водоворотом, начинал кружиться как волчок. Как только мы приближались к одной из стен галереи, я освещал её фонарём, и потому, что выступы скал сливались в одну непрерывную линию, я мог заключить о скорости, с которой мы плыли. Я определил скорость падения воды в тридцать лье в час.

Мы с дядюшкой озирались растерянно по сторонам, сидя на корточках возле обломка мачты, сломавшейся во время катастрофы. Мы старались сидеть спиною против ветра, чтобы можно было перевести дыхание.

Так проходили часы. Положение не изменялось, но одно обстоятельство ещё более ухудшило его.

Приводя в порядок наш груз, я обнаружил, что бо́льшая часть имущества погибла во время взрыва, когда взбаламученное море грозило затопить наш плот. Взяв фонарь, я стал осматривать наши запасы. Из приборов остались только компас и хронометр; от лестниц и верёвок – кусок каната, намотанный на остаток мачты! Ни кирки, ни лома, ни молотка – все инструменты погибли, и в довершение несчастья провизии осталось всего на один день! Я боялся мук голода, а разве нам не угрожала гибель в пучине? И достанет ли времени умереть от истощения?

Я обшарил каждый уголок на плоту, каждую щель между брёвен и досок! Пусто! Всего лишь кусок сушёного мяса и несколько сухарей!

Я буквально оцепенел! Я отказывался верить своим глазам! Но пусть бы провизии хватило на целые месяцы, как спастись из бездны, в которую нас уносил бешеный поток?

Однако по необъяснимой прихоти воображения я забывал о близкой опасности перед ужасами будущего. Как знать, не удастся ли нам спастись, выбраться из разъярённой водной стихии и вернуться на поверхность Земли? Каким образом? Я этого не знал. Куда именно? Не всё ли равно. Но один шанс на тысячу – всё же шанс! А меж тем смерть от голода – реальность, не оставлявшая никакой надежды.

Первой моей мыслью было рассказать дядюшке, в какое бедственное положение мы попали, высчитать, сколько времени осталось нам жить. Но у меня хватило мужества промолчать. Я не желал, чтобы дядюшка потерял самообладание.

В это время свет фонаря стал понемногу ослабевать и, наконец, потух. Фитиль сгорел до конца. Наступила снова непроглядная тьма. Нельзя было и надеяться рассеять этот непроницаемый мрак. Хотя у нас был ещё факел, но как могли бы мы зажечь его при таком ветре? Тогда я поступил, как ребёнок: я закрыл глаза из страха темноты.

Прошло довольно много времени, скорость падения воды удвоилась. Я заметил это по тому, с какой силой ветер бил мне в лицо. Мы неслись с головокружительной быстротой. Казалось, что мы уже не скользим по воде, а низвергаемся в пропасть! Ганс и дядюшка, вцепившись в меня, удерживали меня всеми силами.

Внезапно я почувствовал толчок; то не было ударом о твёрдый предмет, но наше низвержение прекратилось. Возникла преграда: огромный водяной столб обрушился на наш плот. Я захлёбывался. Стал тонуть...

Однако наводнение продолжалось недолго. Через несколько секунд я почувствовал себя на свежем воздухе и вздохнул полной грудью. Дядюшка и Ганс крепко держали меня за руки, и плот ещё выдерживал нас.

ГЛАВА СОРОК ВТОРАЯ

Было, видимо, около десяти часов вечера. Первое, что я ощутил после последнего штурма, — полное безмолвие. Ко мне вернулась прежде всего способность слышать: я понял, что рёв воды, вселявший в меня ужас, смолк, в галерее воцарилась тишина. Наконец, донеслись до меня, как бы сказанные шёпотом, слова дядюшки:

— Мы поднимаемся!

— Что вы хотите сказать? — вскричал я.

— Да, мы поднимаемся! Поднимаемся!

Я протянул руку; дотронулся до стены; моя рука была вся в крови. Мы поднимались с чрезвычайной быстротой.

— Факел! Факел! — закричал профессор.

Гансу не без труда удалось зажечь факел, и пламя, несмотря на наш подъём вверх, горело ровно, бросая достаточно света, чтобы озарить всю сцену.

— Я так и думал, — сказал дядюшка. — Мы находимся в узком колодце, не имеющем и четырёх туазов в диаметре. Вода, дойдя до дна пропасти, стремится снова достигнуть своего уровня и поднимает нас с собою.

— Куда?

— Не знаю, но надо ко всему приготовиться. Скорость, с которой мы поднимаемся, я определяю в два туаза в секунду, это составляет сто двадцать туазов в минуту, или свыше трёх с половиною лье в час. Так можно очутиться невесть где!

— Да, если ничто нас не остановит, если эта бездна имеет выход! Но что, если она закрыта, если воздух под давлением водяного столба будет постепенно сгущаться, что, если мы будем раздавлены?

— Аксель, — ответил профессор с большим спокойствием, — наше положение почти безнадёжно, но всё же есть некоторая надежда на спасение, и её-то я и имею в виду. Если мы можем каждую минуту погибнуть, то каждую же минуту мы можем и спастись. Поэтому будем наготове, чтобы воспользоваться малейшим благоприятным обстоятельством.

— Но что же нам теперь делать?

— Надо подкрепиться, поесть!

При этих словах я пристально взглянул на дядюшку. Пришлось сказать то, в чём я не хотел раньше признаться.

— Поесть? — спросил я.

— Да, немедленно!

Профессор сказал несколько слов по-датски. Ганс покачал головой.

— Как! — вскричал дядюшка. — Провизия погибла?

— Да, вот всё, что осталось! Кусок сушёного мяса на троих!

Дядюшка смотрел на меня, не желая понять смысла моих слов.

— Что же, — сказал я, — вы всё ещё верите, что мы можем спастись?

На мой вопрос ответа не последовало.

Прошёл час. Я начал испытывать сильный голод. Мои спутники также хотели есть, но никто не решался дотронуться до скудных остатков пищи.

Между тем мы по-прежнему неслись вверх с чрезвычайной быстротой. Порою у нас захватывало дыхание, как у воздухоплавателей на больших высотах. Но если аэронавтам, по мере того как они поднимаются в высшие слои воздуха, приходится испытывать всё больший холод, то нам приходилось испытывать как раз обратное. Жара усиливалась в ужасающей степени и в этот момент достигала, наверно, сорока градусов.

Что должна была означать эта перемена атмосферы? До сих пор факты подтверждали теорию Дэви и Лиденброка; до сих пор огнеупорные горные породы, электричество и магнетизм создавали особые условия, нарушавшие законы природы, влияли на понижение температуры, ибо теория центрального огня оставалась, на мой взгляд, всё-таки единственно истинной, единственно объясняющей всё. Не попадали ли мы теперь в такую среду, где эти явления совершались в силу законов природы и где жара доводила скалы до расплавленного состояния? Я опасался этого и высказал свои соображения профессору.

– Если мы не потонем или не разобьёмся, если мы не умрём от голода, у нас всегда ещё останется возможность сгореть заживо.

Тот лишь пожал плечами и погрузился в свои размышления.

Прошёл ещё час, и, за исключением небольшого повышения температуры, положение не изменилось. Наконец дядюшка нарушил молчание.

– Видишь ли, – сказал он, – надо на что-нибудь решиться.

– Решиться? – спросил я.

– Да! Нам нужно подкрепить наши силы. Если мы попытаемся продлить на несколько часов наше существование, сберегая остатки пищи, мы ослабеем вконец!

– Да, и этот конец не заставит себя ждать.

– Но если представится случай спастись, если потребуются решительные действия, откуда мы возьмём силу для этого, если ослабеем от истощения?

– Но что же, дядюшка, станется с нами, когда мы съедим последний кусок?

– Ничего, Аксель, ничего! Но насытишься ли ты, пожирая этот кусок глазами? Ты рассуждаешь, как человек, лишённый воли, как существо, лишённое энергии!

– Да неужели же вы не теряете надежды? – вскричал я с раздражением.

– Нет! – твёрдо ответил профессор.

– Как? Вы ещё верите в возможность спасения?

– Да! Конечно, да! Я не допускаю, чтобы существо, наделённое волей, пока бьётся его сердце, пока оно способно двигаться, могло бы предаться отчаянию.

Какие слова! Человек, произносивший их в таких обстоятельствах, обладал, конечно, необыкновенно твёрдым характером.

— Что же вы думаете сделать, в конце концов? — спросил я.

— Съесть этот остаток пищи до последней крошки и тем самым восстановить наши силы. Пусть это будет наш последний обед, но по крайней мере мы станем снова сильными людьми, вместо того чтобы падать от истощения!

— Так съедим же всё, что у нас есть! — воскликнул я.

Дядюшка разделил кусок мяса и несколько сухарей, оставшихся после катастрофы, на три равные части. На каждого приходилось приблизительно около фунта пищи. Профессор поглощал еду с лихорадочной жадностью; я ел без всякого удовольствия, несмотря на голод, почти с отвращением; Ганс медленно пережёвывал маленькие кусочки, наслаждаясь пищей со спокойствием человека, которого не мучит забота о будущем. Он нашёл ещё фляжку, до половины наполненную можжевеловой водкой, дал нам выпить из неё, и этот благотворный напиток несколько оживил меня.

— Fortrafflig! — произнёс Ганс, глотнув из фляжки.

— Превосходно! — подтвердил дядюшка.

Я снова возымел некоторую надежду. Но наш последний обед был закончен. Было пять часов утра.

Человек так уж создан, ведь ощущение нездоровья — явление чисто негативное. Раз потребность в пище удовлетворена, трудно представить себе муки голода. Надо испытать это, чтобы понять! Стало быть, какой-нибудь сухарик и кусок говядины заставляет нас забыть прошлые горести!

Всё же после этого обеда каждый из нас погрузился в размышления. Ганс, уроженец крайнего Запада, размышлял с фаталистическим смирением обитателей восточных стран. Что касается меня, я весь ушёл в воспоминания, уносившие меня на поверхность Земли, которую мне никогда не следовало бы покидать. Дом на Королевской улице, моя бедная Гретхен, добрая Марта — предстали как призраки перед моими глазами, и в заунывном гуле, доносившемся до меня через гранитный массив, мне слышались шумы земных городов.

Дядюшка, «всегда на своём посту», исследовал внимательно, с факелом в руке, характер почвы; он хотел выяснить наше положение, изучая строение её пластов. Подобный расчёт, вернее, просчёт, не мог быть даже сколько-нибудь приблизительным, но учёный всегда остаётся учёным, если ему удаётся сохранить хладнокровие, а профессор Лиденброк обладал этим качеством в высшей степени.

— Изверженный гранит! — говорил он. — Мы всё ещё в слоях первичной эры; но мы поднимемся! Мы поднимемся! И кто знает...

Кто знает? Он всё ещё надеялся. Он ощупывал рукой отвесную стену и через несколько минут заговорил снова:

— Вот гнейс! Вот слюдяной сланец! Отлично! Скоро появятся слои переходной эпохи, а тогда...

Что хотел сказать этим профессор? Мог ли он измерить толщу земной коры над нашими головами? Обладал ли он каким-нибудь средством, чтобы произвести это вычисление? Нет! Манометра не было, и никакое вычисление не могло его заменить.

Между тем температура поднималась всё выше, мы буквально обливались потом в этой раскалённой атмосфере, напоминавшей жар, пышущий из печи литейного завода во время плавки металла. Вскоре Гансу, дядюшке и мне пришлось снять наши куртки и жилеты; самая лёгкая одежда причиняла тяжесть, даже боль.

— Уж не поднимаемся ли мы прямо к накалённому добела очагу? — воскликнул я, когда жара ещё усилилась.

— Нет, — ответил дядюшка, — это невозможно! Невозможно!

— Однако, — сказал я, дотрагиваясь до стены, — стена раскалена!

В это мгновение моя рука коснулась воды, и тотчас же я её отдёрнул.

— Кипяток! — воскликнул я.

Профессор ответил гневным движением.

Тут мною овладел непреодолимый ужас, который уже не покидал меня. Я чувствовал, что надвигается катастрофа, какой не могло бы представить самое смелое воображение. Эта мысль, сначала смутная, постепенно овладела моим сознанием. Я отгонял её, но она упорно возвращалась. Я не осмеливался формулировать её. Но несколько невольных наблюдений подтвердили моё убеждение. При неверном свете факела я заметил движение в гранитных пластах; очевидно, готовилось совершиться какое-то явление, в котором играло роль электричество. И эта невероятная жара, эта кипящая вода!.. Я хотел взглянуть на компас...

Компас обезумел!

ГЛАВА СОРОК ТРЕТЬЯ

Да, обезумел! Стрелка прыгала от одного полюса к другому резкими скачками, пробегала по всем делениям круга и затем возвращалась обратно, как будто с ней приключилось головокружение.

Я хорошо знал, что, по общепринятым теориям, кора земного шара никогда не находится в состоянии полного покоя; изменения, происходящие под влиянием распада безрудных пород, постоянного движения водных масс, действия магнетизма производят постоянные перемещения в земной коре даже тогда, когда существа, рассеянные по её поверхности, и не подозревают об этой внутриземной деятельности. Следовательно, это явление не испугало бы меня, по крайней мере не породило бы в моём уме страшной мысли.

Но другие факты, некоторые sui generis[1] характерные подробности, не могли меня вводить в заблуждение. С ужасающим нарастанием повторялся невыносимый грохот. Я мог сравнить его только с шумом, который производят множество повозок, быстро несущихся по мостовой. Это были непрерывные раскаты грома.

Затем магнитная стрелка, сотрясаемая электрическими явлениями, подтверждала моё предположение. Древние слои земной коры грозили распасться, гранитные массивы сомкнуться, трещины исчезнуть, пустоты заполниться, и мы, бедные атомы, обречены быть раздавленными этим грозным извержением!

– Дядюшка, дядюшка, мы погибли! – закричал я.

– Что ещё за страхи овладели тобою? – спросил он с удивительным спокойствием. – Что с тобой?

– Что со мной? Да посмотрите же, как шатаются эти стены, как гранитные пласты расходятся, какая стоит тропическая жара! А кипящая вода, а эти сгущающиеся пары, а скачущая магнитная стрелка, – все эти признаки землетрясения!

Дядюшка тихо покачал головой.

– Землетрясения? – спросил он.

[1] Своего рода (*лат.*).

– Да!

– Мне кажется, мой мальчик, что ты ошибаешься!

– Как? Вы не понимаете смысла этих признаков...

– Землетрясения? Нет! Я ожидаю лучшего!

– Что вы хотите сказать?

– Извержения, Аксель!

– Извержения? – воскликнул я. – Так мы находимся в жерле действующего вулкана?

– Я так думаю, – сказал профессор, улыбаясь, – и это самое лучшее, что может ожидать нас!

Самое лучшее! Не сошёл ли дядюшка с ума? Что это означало? Откуда такое спокойствие, почему он улыбается?

– Как! – воскликнул я, – мы захвачены извержением? Судьба выбросила нас на путь вулканических излияний расплавленной лавы, раскалённого камня, кипящей воды! Мы будем вытолкнуты, выброшены, извержены, подняты на воздух вместе с обломками скал, дождём пепла и шлака, в вихре пламени! И это самое лучшее, что может с нами случиться?

– Да, – ответил профессор, поглядев на меня поверх очков. – Ведь в этом единственная наша надежда вернуться на поверхность Земли.

Тысячи мыслей толпились в моей голове. Дядюшка был прав, безусловно прав, и никогда ещё он не казался мне более смелым и более убеждённым, чем в этот момент, когда, ожидая извержения, с таким поразительным спокойствием взвешивал все шансы.

Между тем мы всё время поднимались. Вся ночь прошла в этом восходящем движении. Окружавший нас грохот возрастал. Я задыхался, мне казалось, что пришёл мой последний час. И тем не менее человеческое воображение так своеобразно, что я предавался поистине ребяческим фантазиям. Не я владел своими мыслями, а они увлекали меня!

Нас, очевидно, выбрасывало извержением вулкана; под нами была кипящая вода, а под водой слой лавы, скопление обломков скал, которые на вершине кратера будут разбросаны по всем направлениям. Мы, положительно, находились в жерле вулкана, в этом нельзя было сомневаться.

На этот раз мы имели дело не со Снайфедльсом, потухшим вулканом, а с вулканом в разгаре его деятельности. Я спрашивал себя: какая это могла быть гора и в каком месте на Земле мы будем выброшены?

В северных странах! В этом не было и сомнения! Если считать от мыса Сакнуссема, то нас увлекло на несколько сот лье на север. Неужели мы находимся под Исландией? Будем ли мы выброшены через кратер Геклы или одной из семи огнедышащих гор острова? На протяжении пятисот лье на запад я насчитывал под этим градусом широты лишь несколько малоизвестных вулканов на северо-западном берегу Америки. В восточном направлении существовал только один – Эск, на восьмидесятом градусе широты, на острове Майен, недалеко от Шпицбергена! Конечно, в кратерах не было недостатка, и они были достаточно обширны, чтобы извергнуть целую армию! Но который из них послужит нам выходом, вот это я и старался угадать!

К утру восходящее движение ускорилось. Температура, вместо того чтобы уменьшаться при приближении к поверхности Земли, поднималась благодаря близости действующего вулкана. У меня не оставалось больше ни малейшего сомнения о способе нашего передвижения. Огромная сила, сила нескольких сот атмосфер, исходившая от скопления паров в недрах Земли, неодолимо выталкивала нас. Но каким бесчисленным опасностям она нас подвергала!

Вскоре жёлтые отсветы стали проникать в постепенно расширявшуюся галерею; я замечал направо и налево глубокие ходы, похожие на огромные туннели, из которых вырывались густые пары; огненные языки, треща, лизали стены.

– Посмотрите, посмотрите, дядюшка! – закричал я.

– Ну что же, это серное пламя! Вполне естественное явление при извержении.

– Но если пламя нас охватит?

– Не охватит!

– А если мы задохнёмся?

– Не задохнёмся! Галерея расширяется, и, если будет нужно, мы бросим плот и скроемся в расселине.

– А вода? Подъём воды?

– Воды уже нет, Аксель, но есть тестообразная лавовая масса, она-то и вынесет нас к отверстию кратера.

В самом деле, вместо водяного столба появились довольно плотные, хотя и кипящие, изверженные массы. Температура становилась невыносимой, и термометр показал бы, вероятно, более семидесяти градусов! Я обливался потом. Только быстрый подъём не давал нам задохнуться.

Однако профессор не привёл в исполнение своего намерения покинуть плот и хорошо сделал. Эти неплотно пригнанные брёвна представляли всётаки прочную поверхность, точку опоры, которую нам ничто не заменило бы.

Около восьми часов утра произошло новое явление. Восходящее движение внезапно прекратилось. Плот застыл на месте.

– Что такое? – спросил я, почувствовав сильный толчок.

– Остановка, – ответил дядюшка.

– Неужели извержение приостановилось?

– Надеюсь, что нет!

Я встал. Попытался оглядеться вокруг. Может быть, плот, задержанный выступом скалы, оказывал временное сопротивление изверженной массе? В таком случае надо было поскорее освободить его.

Но дело было не в этом. Движение массы пепла, шлаков и гальки приостановилось.

– Неужели извержение прекратилось? – воскликнул я.

– А, – сказал дядя, – ты этого опасаешься, мой мальчик? Но не волнуйся, этот покой не может долго длиться; прошло уже пять минут, и вскоре мы опять начнём наше восхождение к отверстию кратера.

Профессор, говоря это, всё время следил за хронометром и ещё раз оказался правым в своих предсказаниях. Вскоре плот швырнуло вверх: один рывок, другой – так продолжалось приблизительно две минуты.

– Хорошо, – сказал дядюшка и взглянул при этом на часы, – через десять минут мы снова тронемся в путь!

– Через десять минут?

– Да! Мы имеем дело с вулканом, действующим с перерывами. Он даёт нам роздых!

Это было совершенно верно. В назначенную минуту нас снова стало подталкивать вверх с чрезвычайной силой; нам пришлось держаться за брёвна, чтобы не свалиться с плота. Потом толчки опять прекратились.

Впоследствии, думая об этом странном явлении, я не находил удовлетворительного объяснения. Однако мне кажется очевидным, что мы очутились не в главном жерле вулкана, а, вероятно, в боковом ходе, где ощущались лишь ослабленные толчки.

Я не могу сказать, сколько раз повторялось наше продвижение подобным способом; могу утверждать только, что всякий раз, как вулканическая деятельность возобновлялась, нас швыряло вверх со всё нарастающей силой, как какой-нибудь летательный снаряд. Во время остановок мы задыхались; во время броска вверх горячий воздух спирал дыхание.

Порою я мечтал, как о великом наслаждении, очутиться вдруг в северных странах, при тридцатиградусном морозе! Моё воспалённое воображение переносило меня в снежные равнины Арктики, и мне порою чудилось, что подо мною льды Северного полюса! Впрочем, изнурённый частыми толчками, я вскоре лишился чувств. Если бы не рука нашего Ганса, я разбил бы череп о гранитную стену. Вот почему я не сохранил ни одного отчётливого воспоминания о том, что произошло в последующие часы.

Я смутно припоминаю беспрерывный гул, сотрясение гранитных масс, вращательное движение плота. Он нёсся по полям лавы под дождём пепла. Огненные языки полыхали вокруг нас. Ураган, исходивший как бы из гигантского вентилятора, яростно раздувал подземный огонь. В последний раз передо мной промелькнуло, словно в зареве пожара, лицо Ганса, затем я уже более ничего не чувствовал, кроме нечеловеческого ужаса, который испытывают несчастные, привязанные к жерлу пушки, в тот момент, когда раздаётся выстрел, чтобы разметать в воздухе их тело...

ГЛАВА СОРОК ЧЕТВЁРТАЯ

Придя в себя, я почувствовал, что меня держит за пояс сильная рука нашего проводника. Другой рукой он поддерживал дядюшку. Я не был тяжело ранен, но скорее чувствовал общую разбитость. Я лежал на склоне горы, в двух шагах от пропасти, в которую мог бы свалиться при малейшем движении. Ганс спас меня от верной гибели, когда я чуть не соскользнул в жерло кратера.

— Где мы? — спросил дядюшка, по-видимому, крайне рассерженный тем, что снова оказался на поверхности Земли.

Охотник в недоумении пожал плечами.

— В Исландии? — сказал я.

— Nej, — ответил Ганс.

— Как? Нет? — воскликнул профессор.

— Ганс ошибается, — сказал я, поднимаясь.

После бесчисленных неожиданностей этого путешествия нам предстоял новый сюрприз. Я ожидал увидеть горный пик, покрытый вечным снегом, освещённый бледными лучами полярного неба, бесплодные пустыни северных стран за полярным кругом; а мы, напротив, лежали на склоне горы, выжженной знойными лучами палящего солнца.

Я не хотел верить своим глазам; но моё тело, обласканное солнцем, исключало всякое сомнение. Мы вышли из кратера полунагие, и лучезарное светило, не баловавшее нас последние два месяца, щедро изливало на нас потоки света и тепла.

Когда глаза мои привыкли к этому сиянию, я попытался исправить ошибку своего воображения.

Профессор заговорил первый:

— В самом деле, это не похоже на Исландию.

— А на остров Майен? — заметил я.

— Тоже нет, мой мальчик. Это не северный вулкан с гранитными скалами и снежной вершиной.

— Однако...

— Смотри, Аксель, смотри!

Над нашими головами, не более как в пятистах футах, зиял кратер вулкана, из которого через каждую четверть часа показывался, сопровождаемый страшным гулом, высокий столб пламени с примесью пемзы, пепла и лавы. Я чувствовал, как содрогалась гора: точно огромный кит, пыхтя и отдуваясь, выбрасывала она из своей широкой пасти струю огня и воздуха. Ниже, по довольно крутому скату, расстилались на расстоянии футов семисот–восьмисот изверженные массы, из чего следовало, что общая высота вулкана составляла около трёхсот туазов. Подножие вулкана тонуло в зелени: я различал оливковые и фиговые деревья и виноградную лозу, отягощённую румяными гроздьями.

Приходилось согласиться, что пейзаж отнюдь не напоминал северные страны.

Когда взгляд падал на эту зелёную изгородь, он тут же терялся в водах восхитительного моря или озера, обращавшего эту волшебную страну в островок, пространством в несколько лье. На востоке виднелась за крышами домов небольшая гавань, где на лазурных волнах покачивались неведомые суда. Дальше, на водной глади, выступали островки, столь многочисленные, что напоминали собою муравейник. На западе глаз различал полукружие далёких берегов; на иных вырисовывались стройные очертания голубых гор, на других, более дальних, виден был необычайно высокий конус, из вершины которого поднимался столб дыма. На севере сверкала в солнечных лучах необъятная водная ширь, на которой мелькали кое-где мачты или надувшиеся паруса. Неожиданность этого зрелища в сто раз усиливала его дивную красоту.

— Где мы? где мы? — чуть слышно вопрошал я.

Ганс был равнодушен ко всему, а дядюшка смотрел вокруг, не чувствуя красоты пейзажа.

— Как бы ни называлась эта гора, — сказал он, наконец, — но на ней немного жарко; взрывы не прекращаются, и, положительно, не стоило спастись от извержения, чтоб тебе на голову свалился обломок скалы. Спустимся и посмотрим, что нам делать. Впрочем, я умираю от голода и жажды!

Несомненно, профессор не был мечтателем. Что касается меня, то, забывая голод и утомление, я остался бы тут ещё несколько часов, но пришлось следовать за моими спутниками.

Склон вулкана был очень крутой; мы скользили по оврагам, полным пепла, обходя потоки лавы, которые стекали, подобные огненным змеям. Спускаясь, я болтал без умолку, так как фантазии моей не было границ.

— Мы в Азии! — восклицал я. — На берегах Индии, на Малайских островах, в Океании! Мы прошли под целым полушарием, чтобы выйти к антиподам Европы.

— А магнитная стрелка? — возразил дядюшка.

— Да, магнитная стрелка, — сказал я в недоумении. — Если верить ей, мы шли всё время на север.

— Значит, она нас обманула?

— О, конечно, обманула!

— Если только это не Северный полюс!

— Полюс? Нет, но...

Тут было нечто необъяснимое. Я не знал, что и думать!

Между тем мы приближались к зеленеющей равнине, ласкавшей взор. Голод и жажда мучили меня. К счастью, после двух часов ходьбы мы оказались

в чудесной долине с оливковыми и гранатовыми рощами и виноградниками, казалось, не знавшими хозяина. Впрочем, в нашем бедственном положении мы много не раздумывали! Как подкрепили нас сочные фрукты и румяные гроздья, которыми мы насладились досыта! Невдалеке, в траве, под прохладной тенью деревьев, я обнаружил родник с холодной, пенящейся водой, которой мы освежили лицо и руки.

Пока мы наслаждались отдыхом, из-за оливковой рощи появился мальчик.

– А, – вскричал я, – вот и обитатель этой счастливой страны!

Мальчуган был одет нищенски. Встреча с нами, видимо, его сильно испугала. И действительно, полунагие, с всклокоченными бородами, мы не могли вселить доверия, и, если только эта страна не была заселена разбойниками, мы были способны навести страх на её обитателей.

Перепуганный мальчик бросился было бежать, но Ганс погнался за ним и привёл его назад, несмотря на его крики и сопротивление.

Дядюшка, желая успокоить мальчугана, заговорил с ним и спросил его сперва по-немецки:

– Как называется эта гора, малыш?

Мальчик не отвечал.

– Отлично! – сказал дядюшка. – Значит, мы не в Германии. – И он повторил вопрос по-английски.

Мальчик молчал. Я был в недоумении.

– Да неужели же он нем? – вскричал профессор и, несколько гордясь своим знанием языков, задал ему тот же вопрос по-французски.

Снова никакого ответа.

– Так, попробуем по-итальянски, – продолжал дядюшка и спросил на этом языке: – Dove noi siamo?

– Где мы находимся? – повторил я, теряя терпение.

Опять молчание.

– Да заговоришь ли ты, наконец? Как называется этот остров? – закричал рассерженно дядюшка, схватив мальчугана за ухо. – Come si noma quest isola?

– Stromboli, – ответил пастушок, вырвавшись из рук Ганса и скрываясь в оливковых рощах.

Больше мы в нём не нуждались. Стромболи! Какое впечатление произвело на меня это легендарное название! Мы находимся посреди Средиземного моря, в мифологической Эолии, в древнем Стромболи, на острове, где некогда Эол держал на цепи ветры и бури. А эти голубые горы на востоке были горы Калабрии! И этот вулкан, вздымавшийся на южном горизонте, — Этна, страшная Этна!

— Стромболи, Стромболи! — восклицал я.

Дядюшка вторил мне и жестами и словами. Мы с ним составляли своеобразный хор.

О, какое путешествие! Какое удивительное путешествие! Спустившись через жерло одного вулкана в недра Земли, мы вышли на поверхность через жерло другого, и этот другой находился более чем на тысячу двести лье от Снейфедльс, от пустынной Исландии, где-то там, на краю мира!

Превратности путешествия привели нас в одну из прелестнейших стран Земли. Мы покинули область вечных снегов, чтобы попасть в страну вечной зелени, и, расставшись с туманами ледяного пояса, очутились под лазурным небом Сицилии!

После великолепного обеда, состоявшего из фруктов и свежей воды, мы отправились в путь, чтобы добраться до какой-нибудь гавани Стромболи. Рассказать, как мы попали на остров, нам казалось неблагоразумным: суеверные итальянцы приняли бы нас за чертей, выброшенных из ада. Поэтому лучше было выдать себя за потерпевших кораблекрушение. Это было менее героично, но более безопасно!

Дорогою я слышал, как дядюшка бормотал про себя:

— Но магнитная стрелка! Магнитная стрелка, указывающая на север! Как это объяснить?

— Право, — сказал я пренебрежительно, — не нужно вовсе объяснять, это будет проще!

— Помилуй, чтобы профессор Иоганнеума не сумел объяснить какое-либо космическое явление! Это было бы позором!

Говоря это, дядюшка, полунагой, в кожаном поясе и с очками на носу, снова преобразился в страшного профессора минералогии.

От оливковой рощи до гавани Сан-Виценцо было час пути; тут Ганс потребовал плату за тринадцатую неделю своей службы у нас. Деньги были ему выданы, и эта церемония сопровождалась самыми горячими рукопожатиями с нашей стороны. Он как будто немного расчувствовался, слегка пожал нам руки и улыбнулся.

ГЛАВА СОРОК ПЯТАЯ

Мне остаётся закончить рассказ, которому откажутся поверить даже люди, привыкшие ничему не удивляться. Но я заранее приготовился к недоверчивости людей.

Рыбаки в Стромболи окружили нас вниманием, какое оказывается потерпевшим кораблекрушение. Они снабдили нас одеждой и пищей. После двух суток ожидания, 31 августа, палубное судно доставило нас в Мессину, где, проведя несколько дней, мы совершенно отдохнули и оправились.

В пятницу, 4 сентября, мы отплыли на борту «Фортуны» — почтовом пакетботе французского императорского пароходства, и через три дня высадились в Марселе в самом беззаботном расположении духа, если не считать мысли о проклятой магнитной стрелке. Это необъяснимое явление не на шутку мучило меня. 9 сентября вечером мы прибыли в Гамбург.

Удивление Марты, ликование Гретхен не поддаются описанию!

— Теперь, когда ты стал героем, — сказала моя милая невеста, — тебе уже не следует покидать меня, Аксель!

Я взглянул на неё. Она плакала, улыбаясь сквозь слёзы.

Само собою разумеется, что возвращение профессора Лиденброка произвело в Гамбурге громадное впечатление. По милости болтливой Марты экспедиция профессора к центру Земли получила широкую огласку. В его путешествие не верили, а когда профессор вернулся, поверили ещё меньше!

Однако благодаря присутствию Ганса и некоторым известиям, полученным из Исландии, общественное мнение постепенно переменилось.

Тогда дядюшка сделался великим человеком, а я — племянником великого человека, ведь это тоже что-нибудь да значит! Гамбург устроил в честь нас целое торжество. В Иоганнеуме состоялось публичное заседание, на котором профессор сделал сообщение о своём путешествии, упустив лишь казус с магнитной стрелкой. В тот же день он передал в городской архив документ Сакнуссема и выразил своё глубокое сожаление, что обстоятельства не дозволили ему проследовать по стопам исландского путешественника до самого центра Земли. Несмотря на заслуженную славу, он держался весьма скромно и тем лишь упрочил свою репутацию!

Оказанные профессору почести должны были, конечно, возбудить и много зависти. И так как теории дядюшки, опиравшиеся на несомненные факты, противоречили общепринятым в науке теориям центрального огня, то ему пришлось вести ожесточённую полемику с учёными всех стран.

Что касается меня, то я не могу признать его теорию охлаждения: вопреки тому, что я видел, я верю и буду всегда верить в центральный огонь; но я признаю, что ещё недостаточно изученные физические свойства Земли смогут внести некоторые изменения в эту теорию.

В то время как вокруг столь животрепещущих вопросов шли горячие споры, дядюшка переживал большое огорчение. Несмотря на его просьбы, Ганс покинул Гамбург; человек, которому мы были обязаны всем, не дал возможности отблагодарить его. Исландец почувствовал тоску по родине.

— Farval, — сказал он однажды и, попрощавшись таким образом, уехал в Рейкьявик, куда и прибыл благополучно.

Мы очень привязались к нашему смелому охотнику за гагарами; люди, обязанные ему своей жизнью, будут всегда вспоминать его с любовью; и, конечно, я не умру, не повидавшись с ним.

В заключение я должен прибавить, что наше «Путешествие к центру Земли» привлекло к себе чрезвычайное внимание всего мира. Оно было напечатано и переведено на все языки; самые распространённые журналы заимствовали из него важнейшие главы, которые подвергались комментариям, разбирались, опровергались и защищались с одинаковым убеждением в лагере верующих и неверующих. Редкий случай! Дядюшка ещё при жизни пользовался славой, столь громкой, что Барнум предложил ему показывать его за высокую плату в Соединённых Штатах.

Но неприятное чувство, причинявшее ему истинное мучение, примешивалось к его славе. Не поддавался объяснению случай с магнитной стрелкой! Для учёного подобное необъяснимое явление становится умственной пыткой. Но судьба сулила дядюшке всю полноту счастья.

Однажды, когда я приводил в порядок коллекцию минералов в его кабинете, мне попался на глаза пресловутый компас, и я стал его разглядывать.

Компас лежал в своём углу уже шесть месяцев, не подозревая, какое он причинил беспокойство.

Вдруг, о, чудо! Я громко вскрикнул. Прибежал профессор.

— Что случилось? — спросил он.

ICELAND
NORDLENDINGA FIORD
NORTH MULE SYSSEL
BARDESTRANDS SYSSEL
BREIDA FIORD
SNEEFIELD SYSSEL
BORGARFIORDS
FAXA FIORD
SUNLENDINGA FIORDUNGR
WEST SKAPTAAFELL SYSSEL

– Компас!..

– Ну, что же?

– Стрелка показывает на юг, а не на север!

– Что ты говоришь!

– Посмотрите! Полюсы переместились.

– Переместились!

Дядюшка посмотрел, сравнил и вдруг подпрыгнул так, что дом задрожал.

Точно луч света озарил наш разум!

– Итак, – воскликнул он, когда снова мог заговорить, – со времени нашего прибытия к мысу Сакнуссема проклятая стрелка показывала на юг вместо севера?

– Очевидно.

– Этим и объясняется наше блуждание. Но какое же явление могло вызвать перемещение полюсов?

– Очень простое.

– Объясни, мой мальчик.

– Во время бури на море Лиденброка огненный шар, намагнитивший железо на плоту, зарядил и нашу стрелку отрицательным электричеством!

– Вот оно что! – вскричал профессор и громко рассмеялся. – Так, значит, электричество сыграло с нами эту шутку?

С того дня дядюшка стал счастливейшим из учёных, а я – счастливейшим из смертных, потому что моя прелестная фирландка, выйдя из-под опеки, заняла в доме по Королевской улице положение племянницы и супруги. Необходимо прибавить, что её дядей стал знаменитый профессор Отто Лиденброк, член-корреспондент всех научных, географических и минералогических обществ пяти частей света.

1864 г.

Оглавление

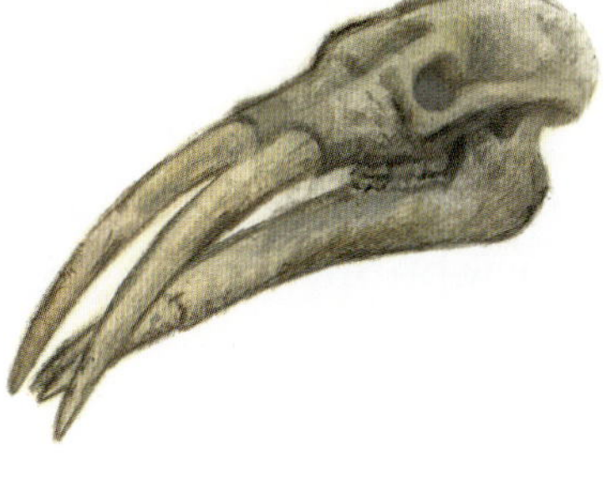

Литературно-художественное издание

Серия «Страна приключений»

Жюль Верн

ПУТЕШЕСТВИЕ К ЦЕНТРУ ЗЕМЛИ

Роман

Для детей среднего школьного возраста

Иллюстрации *Олега Пахомова*

Ответственный редактор *Е. Карпова*
Редактор *Е. Дементьева*
Корректоры: *Н. Бурдейная, Е. Мишина, Л. Полякова*
Вёрстка: *К. Семёнов*

Подписано в печать 17.08.2020
Формат 84×108/16. Физ. печ. л. 14
Усл. печ. л. 23,52. Тираж 2500 экз.
Заказ № 125530

ООО Издательский дом «НИГМА»
119021, г. Москва, ул. Россолимо, д. 4
Телефон (495) 921-39-07
www.nigmabook.ru

ООО «ПРЕСЕС НАМС БАЛТИЯ»
Отпечатано в типографии SIA «PNB Print», Латвия
www.pnbprint.eu